数学的な

盛山　隆雄
加固希支男
山本　大貴
松瀬　仁

見方・考え方
を働かせる

算数授業

明治図書

第 **0** 章

筑波大学附属小学校
盛山隆雄

序論

数学的な見方・考え方への着目
子どもに優しい先生，
子どもを感動させる先生になるために

1
結果にたどりつくプロセスや
子どもの内面に目を向ける

　「数学的な見方・考え方」を重視し，子どもに育てよう
とすることには，大いに賛成します。

　その理由は，子どもの表面的な動きや子どもの出す結果
だけにとらわれないで，**結果にたどりつくプロセスや子ど
もの内面に目を向ける**ことになるからです。

　算数・数学は，冷たい側面をもっています。答えが一意
に決まることが多く，正答か誤答かではっきり評価される
からです。結果だけで評価する世界はある意味わかりやす
いのですが，正答できない子どもはやる気を失うでしょう。

　また，正答を出すことだけが評価の観点になると，どん
な手段を使ってもよいわけですから，果たして算数・数学
で育てたい思考力が育つかは疑問です。そして，何よりも
結果重視の算数・数学は，本来もっている算数・数学の魅
力を子どもに伝えることが難しくなります。

　そうではなくて，1つの結果を出すために，子どもが何

を思い，何を考えたのかに注目する世界はわくわくします。**子どもの個性や能力との対峙**です。

　たとえ結果は間違っていたとしても，どのように考えたのかを真剣にみんなで聞き，理解するのはおもしろい活動です。そして，「考える方向は間違っていなかった」とか，「あるところで見方をこう変えればできる」といったことを検討します。友だちの立場に立って，1つの考えの分析を行ってみるのです。そのことによって，だれも考えていなかったような宝の発想が見つかることもあります。

　答えが違っていても，プロセスや思いを見て評価してくれるというのは，子どもにとって優しいことだと思います。そういう態度をクラスの子どもたちに教えることは，人を大切にし，コミュニケーションを豊かにするという観点から，人間性，社会性の涵養に寄与するものです。

　さて，数学的な見方・考え方を育てようとするなら，目に見えない子どもの言葉を引き出す必要があります。「引き出す」とは，**教師が意図的に発問する**ということです。

　子どもは何も言わなければ，結論しか言いません。

　「どうしてそうなったの？」

　「どうしてそう考えたの？」

　「その意味はなんだろう？」

といった**問い返しの発問をすることで，はじめて子どもは口を開き，自分の思考を振り返ります**。そして，言語化しようとするのです。言語化できれば，考察の対象になり，みんなで議論したり，共有したりすることができます。

2
思考から感動へ

　さて，子どもを感動させることと数学的な見方・考え方について，1つ事例を通して述べたいと思います。
　4年生に次の問題を出しました。

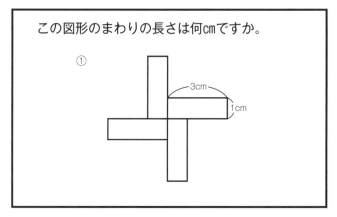

この図形のまわりの長さは何cmですか。

①

3cm
1cm

　24cmという答えと，答えを出すための考えが発表されました。
　3＋1＋2＋3＋1＋2＋3＋1＋2＋3＋1＋2＝24
　この考えがどういう意味か他の子どもが説明した後に，
「この式を短くまとめることができます！」
と言う子どもが多くいたので，指名すると次のような式を書きました。
　（3＋1＋2）×4＝24
「これはどういうことかな？」

と問い返すと,図を使ってまた他の子どもが説明しました。また,たし算の式をかっこで囲みながら,「3 + 1 + 2が4つ分あるから」と話しました。

(3 + 1 + 2)+(3 + 1 + 2)+(3 + 1 + 2)+(3 + 1 + 2)=24

そして,「たし算の式があるから意味がよくわかるね」と言ってくれました。たし算は面倒だという子どももいる中で,この価値づけはクラスの雰囲気をよくしました。

さらに次のような式も発表されました。

3 × 4 + 1 × 4 + 2 × 4 =24

この式もたし算の式にチョークで色づけしながら説明されたので,最初の式はずっと扱われることになりました。

次に,1つの長方形の大きさを変えて,下図のような風車の形をつくりました。

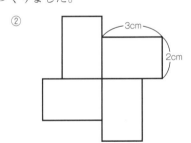

そして,まわりの長さを求める前に,①と②のどちらのまわりの長さが長いか予想しました。

ほとんどの子が②の方が長いと予想しました。1つ分の長方形のまわりの長さが,①より②の方が長いからです。

それから,まわりの長さを求めてもらいました。

子どもたちは，下のように前の形と同じような考え方をしました。
　（3＋2＋1）×4＝24
　この結果がわかったとき，
「あれっ？　まわりの長さはどっちも同じだ！」
「どうして同じなのかな？」
と，新たな問いが生まれました。
　①と②の形は異なります。しかし，まわりの長さは同じになり，驚いたのです。
　その問いについて考えた結果，まず式で説明する子どもが現れました。
　（3＋1＋2）×4＝24
　（3＋2＋1）×4＝24
「両方とも結局6×4という式になります。だから同じだと思います」
　この説明を聞いたある子が，図で説明し始めました。
「図で同じになることが表せます」
　下図のように辺を移動させて正方形をつくったのです。

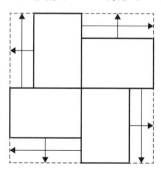

「この図はどういう意味かな？」
と全体に尋ねました。

「そうかあ！」

「両方とも正方形になるんだ」

「1辺が6になるから，6×4の式になる」

「すごーい！」

両方の風車の形は，辺を移動させてみれば，同じ正方形になることに気づいたのです。

この考えは，みんなを感動させました。一人ひとりが丁寧に自分でも図をかいて納得していました。

これは，2つのものをある別観点から見直して統合させた事例です。**統合的な見方・考え方を働かせることによって，感動することができました。**

かつて，ノーベル賞を受賞した山中伸弥氏は，思考することで感動できると述べていました。

思考から感動へ。

これが，数学的な見方・考え方を子どもに経験させる大きな意義ではないかと思います。

もくじ

第0章

筑波大学附属小学校
盛山隆雄

序論

数学的な見方・考え方への着目
子どもに優しい先生,
子どもを感動させる先生になるために

1　結果にたどりつくプロセスや
　　子どもの内面に目を向ける ──────── 002
2　思考から感動へ ─────────────── 004

第1章

東京学芸大学附属小金井小学校
加固希支男

総論

数学的な見方・考え方
とは何か

1　数学的な見方・考え方を働かせる意義 ──────── 012
2　数学的な見方・考え方とは何か ─────────── 014
3　数学的な見方・考え方と発問 ──────────── 020
4　学習指導要領における「数学的な考え方」の変遷 ──── 032

008

第2章

暁星小学校
山本大貴

低学年

子どもが潜在的にもち合わせる
見方・考え方を引き出し，豊かにする

1　経験からくる見方を大切にする──────────────050

2　目に見える形で振り返り，意識づける──────────056

3　「ならべる」経験を精錬させていく───────────060

4　「他にもできないか」と探究する───────────066

5　発展的に考えながら，統合的にまとめる────────072

6　説明するときの言葉に価値を見いだす────────078

第3章

筑波大学附属小学校
盛山隆雄

中学年

わからない子どもへの手だてが
全員の見方・考え方を豊かにする

1　わからない子も，わかっているつもりの子も─────084

2　条件からわかることを問い演繹的な考えを働かせる──086

3　立場を変えて考えさせる───────────────092

4　帰納と演繹はセットで経験させる────────────098

5　いくつかの考えを束ねて統合的に問題を捉えさせる──106

009

第 4 章

聖心女子学院初等科
松瀬 仁

高学年

統合，発展を繰り返し，
より洗練された見方・考え方に高める

1 働かせた数学的な見方・考え方を明確にする 116

2 既習事項から類推して考える 122

3 既習事項を振り返り，統合していく 126

4 多様な考えを振り返り，統合していく 132

5 整理してみる 138

6 事例を当てはめて考える 144

7 置き換えて考える 148

第 **1** 章

東京学芸大学附属小金井小学校
加固希支男

総論

数学的な見方・考え方
とは何か

1 数学的な見方・考え方を働かせる意義 ……………………… 012

2 数学的な見方・考え方とは何か ……………………………… 014

3 数学的な見方・考え方と発問 ………………………………… 020

4 学習指導要領における「数学的な考え方」の変遷 ……… 032

1
数学的な見方・考え方を
働かせる意義

　算数は系統性の強い教科で，**既習事項を使えば，新しい知識・技能や考え方を子どもが創り出していけるという特性**があります。よって，算数を通じて子どもに養わせていくべき力は「**創造力**」だと考えます。「数学的な見方・考え方」は，この創造力を養うために必要なものであり，そのことを意識して授業をしていく必要があります。

　5年生で，多角形の内角の和について学習します。

　単元の導入で，様々な三角形の内角の和を調べ，三角形の内角の和が180°であることを帰納的に発見します。その知識を基に，四角形や五角形など，多角形の内角の和について考えますが，

・四角形は三角形が2つ組み合わさってできていること

・五角形は三角形が3つ組み合わさってできていること

を使いながら，四角形の内角の和は$180 \times 2 = 360$，五角形の内角の和は$180 \times 3 = 540$というように求めます。

　さらに，多角形は三角形を組み合わせてつくることができることに着目すると，□角形は□−2の個数の三角形でつくることができることに気づきます。

　よって，□角形の内角の和は，$180 \times (□ - 2)$という式で求められることまで，子どもが考えることができます。

この例では，多角形が三角形で構成されていることや，三角形の内角の和が180°であるという既習事項を使って，四角形，五角形，六角形の内角の和を求めるだけでなく，多角形の内角の和の求め方を一般化しています。**既習事項を使って，新しい知識・技能や考え方を創り出している**わけです。この過程が創造力を養うことにつながります。

　精選された知識に価値を置くのではなく，精選の過程に価値を置くことで創造力ははぐくまれます。本事例で言えば，「三角形の内角の和」や「多角形が三角形で構成されていること」に着目して考えようとしたり，多角形の内角の和の求め方を一般化しようとしたりする思考過程です。

　もし，そういった思考を自分ではできなかった子どもも，その過程を学級で追体験することで，**「前に学習したことを使っていけば，新しい知識や技能，考え方を自分で発見することができるんだ」**と思えるでしょう。こういった経験を積み重ねることで，創造力をはぐくんでいきます。

　このように，数学的な見方・考え方を働かせる意義は，創造力を養うためだと言えます。

　「どういった見方ができれば，子どもが自分自身で問題を解き，新しい発見ができるようになるのか」

　「どんな考え方をもっていれば，発見したことをさらに昇華し，発展させることができるだろうか」

という視点を教師はもち，子どもの数学的な見方・考え方を豊かにし，働かせられるようにしていきたいものです。

2 数学的な見方・考え方 とは何か

平成29年に告示された学習指導要領の解説（算数編）において，数学的な見方・考え方について説明されている一部を抜粋し，以下に示します。

今回の改訂では，目標において，児童が各教科等の特質に応じた物事を捉える視点や考え方（見方・考え方）を働かせながら，目標に示す資質・能力の育成を目指すことを示しているが，中央教育審議会答申において，算数科・数学科における「数学的な見方・考え方」について「事象を数量や図形及びそれらの関係などに着目して捉え，論理的，統合的・発展的に考えること」として示されたことを踏まえると，算数科の学習における「数学的な見方・考え方」については「事象を数量や図形及びそれらの関係などに着目して捉え，根拠を基に筋道を立てて考え，統合的・発展的に考えること」であると考えられる。（下線は筆者加筆）

「数学的な見方・考え方とは何か？」
と問われれば，下線部の文言を説明することになります。
　この文言を，数学的な見方と数学的な考え方に分けるとすれば，以下のようになるでしょう。

（数学的な見方）

　事象を数量や図形及びそれらの関係などに着目して捉えること

（数学的な考え方）

　根拠を基に筋道を立てて考え，統合的・発展的に考えること

　これを，どのように授業ベースで捉えていくのかが，現場で授業をする教師の課題となります。

1. 数学的な見方とは何か

　我々は，数学的な見方を**「問題を解くときの着眼点」**だと捉えています。

　人は目の前の問題を解決しようとする際，**「こうしたらできそうだ」という解決の方向性**を探ります。

　先述の四角形や五角形の内角の和を考える学習なら，「三角形の内角の和が180°なのは知っているから，なんとか使えないか」と考えることです。

　この時点では，具体的な解法は見つけられていません。

　しかし，「三角形の内角の和が180°であることを使おう」という方向性は見えています。この方向性が見えてくると，「三角形の内角の和が180°であることを使うためには，四

角形を三角形に分ける必要がありそうだ」と解決の筋道が
見えてきます。

　**問題を解決するための方向性を定めるために必要な着眼
点を，数学的な見方と捉えている**ということです。

2. 数学的な考え方とは何か

　我々は，数学的な考え方を**「論理をまとめたり，高めた
りするための視点」**だと捉えています。

　これも，先に例示した5年生の多角形の内角の和の学習
で説明します。

　まず，四角形や五角形の内角の和を求めるために，それ
ぞれの図形を三角形に分割します。四角形は三角形が2つ，
五角形は三角形が3つに分割することができるから，それ
ぞれ$180 \times 2 = 360$，$180 \times 3 = 540$と内角の和が求められる
ことを論理的に説明することができます。

　そこからさらに，六角形の内角の和も三角形に分割する
考え方を使いながら考えられることを確かめ，最終的にど
んな□角形の内角の和を求めるにも，$180 \times (□ - 2)$とい
う一般式で求められることにまで高めていきます。

　この過程は，四角形や五角形の内角の和を，三角形の内
角の和180°を根拠に説明することから始まります。ただし，
**四角形や五角形の内角の和を求めるという目の前の問題の
解決で終わるのではなく，さらに問題を発展させて，六角**

形の内角の和も同じ考え方で求められることに気づいていきます。

そして，四角形，五角形，六角形という具体的な図形を，□角形という一般化された形で見直すことで，どんな□角形でも180×（□－2）という式で求められることまで高めます。

目の前の問題を解決するために使った論理を振り返り，さらに問題を発展させても使えるのかを考えたり，いつでも使えるように論理を高めたりする。そういった視点を数学的な考え方と捉えています。

3. 数学的な見方・考え方の関係性

さて，数学的な見方・考え方を考える際，和田義信先生が述べられている「直観と論理」について触れておく必要があると考えます。

和田先生は，「直観と論理」について，以下のように述べられています。

　直観がこの論理に対してどういう役目を果たすかというと，直観というのは，そうするのが当然なんだ，当たり前なんだということを先に見てとるわけである。およそ結果はこうなんだ，そういう手続きでもっていけばこの仕事は終わるんだといったように，いわば直観の方が先を見ているわけである。そして論理の方がそれを正当

化している妥当性の保証をしているというような関係に
ある…

　例えば分数でわるといったとき，整数でわる仕方を知
っているでしょう。整数でわる計算と結びつけていくこ
とはできないでしょうか。あるいは，小数でわる計算に
ついても，それに先立って整数でわる計算を知っている。
このように，常に知っているもの，わかっているものに，
結びつけていく，関係づけていくのです。既知のもので，
知っていることを使って，未知のものを打開していく，
こういう大事な方法上の原理なのです。それが論理なの
です。

　この「直観と論理」の説明を読むと，「数学的な見方・
考え方」の捉え方がより鮮明になるのではないでしょうか。
直観と数学的な見方，論理と数学的な考え方は，それぞれ
重なる部分が大きいと言えます。
　和田先生の言葉の中に，「直観の方が先を見ているわけ
である。そして，論理の方がそれを正当化している妥当性
の保証をしているというような関係にある」とあります。
　問題の解法を考える際，まずは直観が働くということで
す。そして，**直観を頼りに問題を解く過程において，その
解法の正当性や妥当性を保証していくのが論理**なのです。

　ということは，問題解決の順序としては，数学的な見方

が先にあり，それを支えるのが数学的な考え方ということ
になります。

しかし，直観と論理が別々なものかというと，それは違
います。

確かに，問題の解法を見つけるためには直観を働かせな
ければなりません。

では，直観を身につけるためにはどうすればよいでしょ
うか。それは，論理を身につけることに他なりません。

「三角形の内角の和が180°であることを使おう」という
直観を働かせるためには，三角形の内角の和が180°である
ことを知っているだけでなく，多角形が三角形の組み合わ
せでできていることも知っていなければなりません。

しかも，**それらの知識をもっているだけでなく，使える
ようにしておかなければならない**のです。知識を使うため
には，その知識の構造まで理解しておく必要があります。
多角形を三角形で分けた経験や，三角形をいくつも使って
多角形をつくった経験が，知識の構造を理解することにつ
ながっていくでしょう。

目の前の問題の解法を考え，解法の共通点を探し出して
一般化したり，問題を発展させたりする過程においては，
直観が先に出て，論理が後になります。しかし，直観と論
理はお互いを補完する関係にあります。**直観は論理によっ
て支えられ，論理は直観によって導かれている**のです。

これは，そのまま数学的な見方・考え方の関係にも当て
はまると言えます。

3

数学的な見方・考え方
と発問

　子どもが数学的な見方・考え方を働かせ，それらを豊かにするために授業で重視したいのが，**「振り返り」**です。

　振り返りというと，授業の終末で内容知について言葉でまとめるものだと考えがちですが，それだけでは数学的な見方・考え方は豊かになりません。

　振り返りを行うべきタイミングは，子どもが数学的な見方・考え方を働かせたときや，様々な解法の共通点を見つけ出したりしたときです。ですから，**授業の前半で行うこともあれば，中盤で行うこともあり得ます。**

　振り返りを子ども自身が行えることは理想ではありますが，実際にはなかなか難しいことで，教師の意識的な働きかけが必要になります。中でも，教師が強く意識しなければならないのは，振り返りを促す「発問」です。数学的な見方・考え方を働かせられるように，どんな発問をすればよいのかを吟味し，子どもに問いかけるのです。

　具体的な実践を基に，上記のことを説明していきます。

1. 授業の導入における振り返り

　6年生「円の面積」の第1時です。

　1cm方眼に書かれた半径10cmの円を配付し，その円の

面積が何cm^{2}になるかという問題を提示しました。

　すると，子どもから「難しい」という反応が返ってきたので，その理由を聞くと，

　「まわりが曲線で囲まれている形の面積を求めたことがないから」

と言うのです。また，

　「今までは，図形を三角形に分けて考えることができたけれど，円ではそれができなさそうだ」

という言葉も返ってきました。

　この言葉は数学的な見方そのものです。子どもは「三角形に分けることができなさそうだ」と言っていますが，これは「三角形に分ける」という着眼点をもっている証拠です。

　ここで，**子どもが使えないと思っている着眼点も，教師は肯定的に評価すべき**です。私は，

　「そうやって前の学習が使えないかと考えたことがすばらしい」

と評価しました。

　今までの学習を振り返り，使おうとしている態度に価値があり，実際，円の面積の求め方を考える際，この考え方が有効に働きます。

　肯定的な評価に終わらず，

　「どうしてそう考えたの？」

という発問もしました。すると，

　「５年生のときに色々な形の面積の求め方を考えたとき，

三角形に分ければ，いつでも面積が求められたから」
ということでした。

このように，子どもが自分の着想や解法を発表した際は，
「どうしてそう考えたのか？」という振り返りをしていく
ことで，**感覚的なものを言語化させていきます。**言語化す
ることで，だれでも理解できるようになり，数学的な見方・
考え方が豊かになっていくのです。

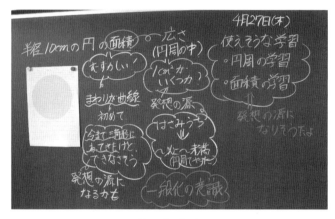

第1時の板書

その後，自力解決に入る前に，

「今までのどんな学習が使えそう？」

と発問しました。既習事項の振り返りのための発問です。

ここで重要なことは，**目の前の問題を解くための直接的
な知識を共有するのではない**ということです。例えば，

「円を正八角形として見て，その各辺を底辺とする二等
辺三角形がいくつあるか考えましょう」

「1つの二等辺三角形の面積を基に，正八角形の面積を考えましょう」
など，円の面積を求めるための直接的な解法を共有するわけではなく，円の面積を求める際に役立ちそうな既習事項を考えさせ，共有させるということです。

実際の授業では，

「円の面積の求め方を考えるんだから，円周の学習が使えそうだ」

「面積の求め方を考えるんだから，面積の学習が使えそうだ」

といった意見が出ました。

また，5年生の面積の学習等でも重視してきた「一般化を意識すること」が大切であるということも，子どもから出されました。

このように，授業の導入においても振り返りを行うことで，数学的な見方・考え方が顕在化されます。「どんな既習内容を使って解こうとするのか」という着眼点も明らかになるし，「どんなことを意識しながら問題を解いていかなければならないか」という視点も明確になります。

授業の導入における振り返りを子ども自身ができるようになることを目指していかなければならないのですが，最初からそれができる子どもは多くありません。何度もこういった振り返りを積み重ねていくことで，思考方法も学ばせていくのです。

2. 授業中盤から終末にかけての振り返り

　次に，授業の中盤から終末にかけての振り返りについて
述べていきます。

　授業の中盤から終末にかけての振り返りを一緒に述べる
ことには理由があります。なぜなら，**終末で振り返りをす
るためには，授業の中盤で振り返りをすることが不可欠**だ
からです。

　6年生における「場合の数」の第1時です。

　導入において，以下の問題を提示しました。

> 　4種類のアイスクリームから2種類を選んでコ
> ーンにのせるとき，どんな選び方がありますか。

　問題提示後，あまり時間をかけずに自力解決を行いまし
た。

　すると，子どもたちから，

　「同じ種類を選んでもいいの？」

　「上下の味の組み合わせは同じでも，のせる順番が違う
場合は違うとするの？」

という疑問が出されました。そして，そういった疑問を全
員で共有し，条件を決めていきました。

　自力解決後に集団検討を行いました。その様子を記録し

ていった板書が以下の写真です。

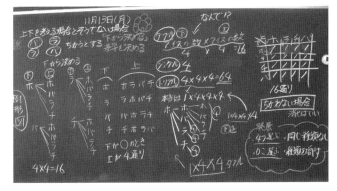

集団検討後の板書

出てきた子どもの考え方を見てみると，樹形図や表，式で考えているものもあります。

こういった考え方を子どもが説明するたびに，「どうしてそう考えたのか？」という発問をしていきました。

樹形図を使って考えた子どもには，

「どうして下から決めたの？」

と発問しました。すると，

「下から決めると，整理がしやすいから」

という反応が返ってきました。そこで，「下から決める」という問題解決のための着眼点を板書に残しました。

樹形図で考えた子どもは，先行知識として樹形図を知っていました。しかし，「なぜ樹形図にしたのか？」ということを問うことによって，**形式的な解法から，自分で着眼点をもって考えた解法へと変えることができます。**

樹形図と同じように，下を決めてから，選べる上の種類を書き出すという方法も発表されました。その際も，

　「どうして下から決めたの？」

と発問すると，樹形図で説明した子どもと同様の反応がありました。

　このように，**子どもが考え方を説明する場面のたびに，振り返りを行う**のです。すると，子どもが無意識に行っていた解法の着眼点が浮き彫りになります。

　最後に，表で考えた子どもの考え方を取り上げました。その説明の後，

　「結局，今日の授業で出してもらった考え方として共通している考え方は何？」

と発問しました。

　すると，「下から決める」ということが共通していることに気がつきました。

　今回の問題場面だけでなく，他のときにも使える考え方として「基準を決める」というところまで考え方を昇華させて考えることができた子どももいました。

　授業の途中での振り返りが，授業の終末での振り返りにつながっていることがわかります。

　授業の途中で数学的な見方を浮き彫りにする発問をしていくと，**問題を解決するための考え方として共通しているもの**が見えてきます。

　共通している考え方というのは，本時で獲得すべき重要

な考え方であることが多く，本時で言えば「基準を決める」という考え方です。「場合の数」の学習で最も重要である「観点を決める」という考え方そのものです。

先述のように，数学的な考え方というのは，「論理をまとめたり，高めたりするための視点」です。本時で言えば「共通点は何か？」という視点です。「基準を決める」という考え方も大事ですが，**もっと大切なことは「共通点は何か？」と考えること**なのです。そうやって考えることができるようになると，子ども自身が新しい発見をすることができるようになり，「創造力」がはぐくまれていきます。

よって，終末の振り返りというのは，数学的な考え方を働かせる思考方法を子どもと一緒に行っているということなのです。

授業の終末には，「上下の種類が同じなら，同じと考える場合も考えられる」という，問題を発展させる意見も出されました。順列の問題を発展させ，組み合わせの問題にしている瞬間です。

その発言を基に，

「この問題を発展させるならどんな問題ができる？」

と発問しました。

すると，「4種類選ぶ場合」「0種類選ぶ場合」「同じ種類を選ばない場合」「もっと種類を増やす場合」などが出されました。

このように，**問題を発展させる思考も，数学的な考え方の重要な1つの要素です**。この思考自体も，できれば子ど

も自身ができるようになってもらいたいものです。そのために，教師は終末でこういった発問を行うのです。

　もちろん，授業の導入で行う振り返りも，授業の終末で行う振り返りを効果的にするものであることは言うまでもありません。

　授業の導入で行う振り返りは，既習事項に関する振り返りが多くなります。ですので，授業の導入で既習事項の振り返りを行ったら，それが有効に働いたのかどうかをその授業の終末で振り返れば，**「既習事項を使うと，新しい知識・技能，考え方が自分でつくれるのだ」**という姿勢をはぐくむことにつながるので，忘れずに行いたいものです。

3. 発問を吟味する

　この項の最初にも述べましたが，子どもにとって振り返りが効果的になるかどうかは，教師の発問にかかっています。よって，教師は発問の内容，言葉を吟味しなければなりません。

　授業の導入，中盤，終末においては，それぞれ次のような発問を行うことが多くなります。

・導入

　「今までのどんな学習が使えそう？」

・中盤

　「どうしてそう考えたの？」

・終末

　「共通している考え方は何？」

　「問題を発展させることはできる？」

　上記の発問は，授業内容によって言葉がより具体的になります。「どうしてそう考えたの？」という発問も，紹介した「場合の数」の授業であれば，「どうして下から決めたの？」という，より子どもの考え方に沿った言葉に変わります。

　導入から中盤においては，数学的な見方を言語化し，顕在化する発問が主となります。導入は「目の前の問題をどのように解いていくのか」，中盤は「どのように解いていったのか」ということが，考えることの中心になるからです。

　問題を解こうとしているとき，解いた後の解法を分析するときは，数学的な見方を顕在化することが中心になるということです。そして，**数学的な見方を言語化し，顕在化していくことで，本時で発見すべき本質的な考え方が浮き彫りになっていく**のです。

　授業の終末においては，数学的な考え方を働かせ，豊かにするための発問が多くなります。

　導入から中盤にかけて表出した考え方の共通点をまとめていくことで，今後の学習でも使える汎用性の高い知識・

技能，考え方を獲得するのです。そのために，「共通している考え方は何？」と発問し，子ども自身に発見させる習慣を身につけさせます。

本時で発見すべき本質的な考え方自体も大切です。「場合の数」の第1時の授業であれば，「基準（観点）を決める」という考え方です。

しかし，もっと重要なことは，いくつかの考え方から，「共通点を考える」という考え方です。**「共通点を考えよう」という思考方法を身につければ，本質的な考え方を，教師の発問がなくても，やがて子どもは発見できるようになります。**そういう姿を目指すために，「共通している考え方は何？」という発問をしていることを意識したいものです。

これは，「問題を発展させることはできる？」という発問においても同様です。獲得した知識・技能，考え方を使い，子ども自身が新しい問題を発見し，発展させていくことを通して，自分で新しい知識・技能，考え方を獲得できるようにしたいのです。

このように，数学的な見方・考え方が顕在化するような発問をすることで，**子どもの中に内在していた数学的な見方・考え方が言語化されます。**

子どもにとっても，無意識に行っていた解法を言語化することで，内在していた数学的な見方・考え方が顕在化するのです。

言語化し，顕在化することで，それを聞いていた子ども

にとっても，自分では気づけていなかった数学的な見方・考え方に気づくことができます。そして，論理的にまとめられた考え方として，将来の単元や他教科でも使える数学的な見方・考え方となり，クラス全体で共有されていくのです。

　この積み重ねによって，個人だけでなく，学級全体の数学的な見方・考え方が豊かになり，多くの学習において働かせられるものとなります。

4

学習指導要領における
「数学的な考え方」の変遷

　平成29年に告示された学習指導要領の解説（算数編）において，以下のような一文があります。

　「数学的な見方・考え方」については，これまでの学習指導要領の中で，「数学的な考え方」として教科の目標に位置付けられたり，思考・判断・表現の評価の観点名として用いられたりしてきた。

　数学的な見方・考え方というのは，平成29年版の学習指導要領で新しく示されたものではなく，今までも算数科の学習において「数学的な考え方」として重視されてきたということです。

　この項では，過去の学習指導要領を基に，今までの数学的な考え方がどのように捉えられてきたのかについてまとめていきます。

1. 「数学的な考え方」とは何か

　数学的な考え方について，多くの先人が研究してきましたが，中でも中島健三先生が示した数学的な考え方は，現在に至るまで，算数科教育の根幹を成すものとして広まっ

ています。

　中島先生は，数学的な考え方について，以下のように述べています。

　「数学的な考え方」は，一言でいえば，算数・数学にふさわしい創造的な活動ができることである。

　これを引き起こす原動力として，簡潔，明確，統合といった観点が考えられ，それらの観点から「改善せずにはすまされない」という心情で課題の把握をすることが，第一の要件である。

　簡潔，明確，統合といった観点に基づいて，創造的な活動を目指すものを，数学的な考え方としています（簡潔，明確，統合のそれぞれの説明については，紙幅の都合で割愛しますが，ぜひ『算数・数学教育と数学的な考え方』（中島健三，金子書房，1981年）を参照ください）。

　また，算数科の学習における「創造的」ということについても，「創造的な指導」という場合に目指していることとして，以下のように説明しています。

　算数や数学で，子どもにとって新しい内容を指導しようとする際に，教師が既成のものを一方的に与えるのではなく，子どもが自分で必要を感じ，自らの課題として

新しいことを考え出すように，教師が適切な発問や助言を通して仕向け，結果において，どの子どもも，いかにも自分で考え出したかのような感激をもつことができるようにする。

　中島先生が考えていた数学的な考え方をすべて理解し，まとめることは到底できませんが，少なからず解釈できることは，数学的な考え方は，**子どもが算数を通して，新しい知識・技能，考え方を自ら創造する過程を重視したときに，本当の価値が生まれる**ということです。

　結果として精選された知識に価値があるのではなく，子どもが新しい発見をする過程に価値を置くことが最初にあり，その価値観をもって授業に臨むことが前提になるということです。

　「創造的な活動」を子どもが目指して課題を見つけ，思考するために働かせているのが数学的な考え方だと言えます。

2. 学習指導要領における「数学的な考え方」

(1) 昭和33年版学習指導要領

　学習指導要領において，数学的な考え方という言葉が最初に登場したのは，昭和33年版の学習指導要領です。

　昭和33年版学習指導要領では，算数科の目標を，次のように1から5まで示してあります。

1. 数量や図形に関する基礎的な概念や原理を理解させ，より進んだ数学的な考え方や処理のしかたを生み出すことができるようにする。
2. 数量や図形に関する基礎的な知職の習得と基礎的な技能の習熟を図り目的に応じ，それらが的確かつ能率的に用いられるようにする。
3. 数学的な用語や記号を用いることの意義について理解させ，具体的なことがらや関係を，用語や記号を用いて，簡潔・明確に表わしたり考えたりすることができるようにする。
4. 数量的なことがらや関係について，適切な見通しを立てたり筋道を立てて考えたりする能力を伸ばし，ものごとをいっそう自主的，合理的に処理することができるようにする。
5. 数学的な考え方や処理のしかたを，進んで日常の生活に生かす態度を伸ばす。

また，次のような文言もつけ加えられています。

　特に，目標5は，目標1，2，3および4の指導を通して，児童の科学的な生活態度を育成することの必要を示したものである。

この一文からも，目標5が重視されていたことがわかり

ます。

そして，小学校算数指導書（1960）では，目標5について「他から与えられるだけでなく，自分で問題を見いだし，これを解決していくようなこどもに育てあげたいということを述べている」と書かれています。また**「小学校算数科の究極の目標」**とも書かれています。

この当時から算数科は，自分で問題を見いだし，発展させていける子どもを育てていくことを目指していることがわかります。これは，平成29年に公示された学習指導要領に込められている願いと共通する点です。

このように，学習指導要領上に最初に登場したときから，数学的な考え方が重視されていたことがわかります。同時に，目標5の中にある「進んで日常の生活に生かす」という言葉からも，数学的な考え方を働かせていくことの大切さも述べられています。

(2) 昭和43年版学習指導要領

昭和43年版学習指導要領の算数科の目標は，以下の一文です。

　　日常の事象を数理的にとらえ，筋道立てて考え，統合的，発展的に考察し，処理する能力と態度を育てる。

この一文は，平成29年版学習指導要領の解説（算数編）

内で示されている「数学的な見方・考え方」の解説と同様な部分が多いので，いま一度その記述を示します。

　　事象を数量や図形及びそれらの関係などに着目して捉え，根拠を基に筋道を立てて考え，統合的・発展的に考えること

　平成29年版学習指導要領が，昭和43年版学習指導要領を強く反映してつくられていることが推測できます。

　昭和43年版学習指導要領の算数科の目標を達成するために，さらに4つの文言が示されています。その1つめに「数量や図形に関する基礎的な概念や原理を理解させ，より進んだ数学的な考え方や処理のしかたを生み出すことができるようにする」と書かれています。

　算数科の目標を達成するために，**数学的な考え方を生み出すことの必要性**を示しているのです。

　また，小学校指導書算数編（1969）には，次のようにも書かれています。

　　算数科の学習では，絶えず，創造的な発展を図るとともに，一面では，創造したものをより高い，あるいは，より広い観点から統合してみられるようにする。さらに，これを次の飛躍への足場としていくなど，創造しつづけてやまないようにすることがだいじであり，このような

能力と態度を伸ばすことが期待されているのである。

数学的な考え方を働かせて創造的な活動を行う。そして，統合という観点をもって創造したものを昇華させる。昇華させたものを使って，さらに発展させていく。これこそが算数という教科の意義であることを示しています。

本章の第１項において，「算数を通じて子どもに養わせていくべき力は『創造力』だと考えます。『数学的な見方・考え方』は，この創造力を養うために必要なものであり，そのことを意識して授業をしていく必要があります」と述べました。

これには，昭和43年版学習指導要領の算数科の目標と，その目標を達成するための指針が大きな影響を与えていることを述べておきます。

(3) 昭和52年版学習指導要領

昭和52年版学習指導要領の算数科の目標は，以下の通りです。

数量や図形について基礎的な知識と技能を身につけ，日常の事象を数理的にとらえ，筋道を立てて考え，処理する能力と態度を育てる。

目標が数学的な考え方を意識して定められていることは

理解できますが，数学的な考え方という言葉自体は示されていません。

しかし，小学校指導書算数編（1978）には，「目標の後半のねらいは，数学的な考え方を伸ばすことであると，端的にまとめることができる」と述べられています。目標の後半とは，「日常の事象を数理的にとらえ，筋道を立てて考え，処理する能力と態度を育てる」という部分です。

後半部分の目標の解説の一部を以下に抜粋します。

　事象を算数・数学の問題としてとらえると，その問題は，既習の算数で処理できる場合（算数の利用）と，新しい算数の概念や原理などを導入して解かねばならない場合（算数をつくること）との二つに分かれる。後の場合の中にはものごとを一般化したり，統合したり，発展させたりするようなとらえ方もある。ものごとのこうしたとらえ方も，数理的なとらえ方の重要な一つの側面であるといえる。

　筋道立った考えとしては，幾つかの事例から一般的法則を帰納する考えや，既知の似た事柄から新しいことを類推する考えもあれば，既知の事柄からの理づめで，つまり演繹的に考え進める仕方もある。算数では，このような筋道立った考えで，いろいろな性質や法則を発見したり確かめたりする能力や態度を育成することが，重要な一つのねらいになる。

問題解決に際しては，その結果や方法に対して，およその見通しを立ててかかることが大切なことである。こうした見通しを立てる場合にも，筋道立った考えは，欠くことのできないものである。

　実際の処理に当たっては，既習の事項を適用すればすむ場合もあり，新しい算数をつくることになる場合もある。後者の場合には，新しい概念を構成したり，新しい原理や法則を見いだしたり，また，それらを適用して目的に合った解決をしたりする。更に，進んだ知識や技能を生み出すようなことも起こる。このように，事象を処理することは，新しい算数を生み出すこととなる。なお，こうした処理の中には，（1）の数理的にとらえることと相まって，ものごとを統合的，発展的に考察処理することも含まれる。

　これらの解説の内容を読むと，「新しい算数をつくること」を重視していることがわかります。そのために，**一般化，統合，発展などの数学的な考え方を働かせていくことの必要性**が述べられているのです。
　また「問題解決に際しては，その結果や方法に対して，およその見通しを立ててかかることが大切なことである」という一文は，数学的な見方につながるものです。我々は，数学的な見方を「問題を解くときの着眼点」と捉えていま

すが，その捉え方と相応します。

(4) 平成元年版学習指導要領

　平成元年版学習指導要領の算数科の目標は，以下の通りです。

　　数量や図形についての基礎的な知識と技能を身に付け，日常の事象について見通しをもち筋道を立てて考える能力を育てるとともに，数理的な処理のよさが分かり，進んで生活に生かそうとする態度を育てる。

　昭和52年版学習指導要領と同様に，数学的な考え方という文言は出てきませんが，小学校指導書算数編（1989）では，算数科の目標の後半部分を以下のように説明しています。

　　「よさ」が分かることは，算数の学習が価値あることを児童なりに感じとることができるようにするために必要なことである。ともすると，算数を計算手続きの集まりのように考え，無味乾燥なものととらえている人がいる。しかし，算数は人間によって生み出された価値あるものであり，知識や技能，数学的な考え方は，ものごとを処理する際に有効な手段としてはたらくものである。目標のこの部分は，児童がこのことを理解し，算数が人間にとって価値あるものであることが分かり，より一層

意欲的に算数の学習を進めることができるようになること
とへの期待を述べたものである。

「算数が人間にとって価値あるものであることが分かり，
より一層意欲的に算数の学習を進めること」をするために，
数学的な考え方が有効だということが述べられています。

数学的な考え方は，問題を解くために必要なだけでなく，
算数を学ぶ意義を子どもが理解するためにも重要な役目を
果たすものなのです。

また，算数科の目標の解説の最後に，以下の一文が示さ
れています。

算数を生み出していく過程では，基本的な原理や法則
に裏打ちされた基礎的な知識と技能が必要であり，それ
らを活用して，児童が創造的，発展的に学習していく算
数教育を期待しているのである。

算数を学習する意義を明確にしてくれる一文です。

(5) 平成10年版学習指導要領

平成10年版学習指導要領の算数科の目標は，以下の通り
です。

数量や図形についての算数的活動を通して，基礎的な
知識と技能を身に付け，日常の事象について見通しをも

ち筋道を立てて考える能力を育てるとともに，活動の楽しさや数理的な処理のよさに気付き，進んで生活に生かそうとする態度を育てる。

ここでも，目標の中に数学的な考え方の文言はありませんが，「数理的な処理のよさに気付き，進んで生活に生かそうとする態度を育てる」という部分は，数学的な考え方に関連する目標と言えます。

小学校指導要領解説算数編（1999）の目標の解説には，以下のように数学的な考え方について触れられている部分があります。

事象を数理的にとらえるとは，事象の中に含まれる数，量，図形などの要素に着目して考察し，探求していくことである。また，変化や対応などの関数の考えや，対象を明確にするなどの集合の考えなど，数学的な考え方に着目して考察し，探究していくことである。このことも算数の重要なねらいの一つである。

日常の事象を数理的に捉える活動をするために，数学的な考え方を用いて考察し，探究していることの重要性が説かれています。

本改訂では，算数的活動という言葉が登場したため，算数的活動に注目が集まりましたが，数学的な考え方が算数科の根幹にあることは変わらないと言えます。

(6) 平成20年版学習指導要領

平成20年版学習指導要領の算数科の目標は，以下の通りです。

　算数的活動を通して，数量や図形についての基礎的・基本的な知識及び技能を身に付け，日常の事象について見通しをもち筋道を立てて考え，表現する能力を育てるとともに，算数的活動の楽しさや数理的な処理のよさに気付き，進んで生活や学習に活用しようとする態度を育てる。

この目標の中でも，「数理的な処理のよさに気付き，進んで生活や学習に活用しようとする態度を育てる」の部分は，数学的な考え方に関する内容と言えます。

小学校学習指導要領解説算数編（2008）では，この部分の解説において，数学的な考え方について，以下のように触れています。

　事象を数理的にとらえるとは，事象の中に含まれる数，量，図形などの要素に着目したり，変化や対応などの関数の考えや，対象を明確にするなどの集合の考えなどの数学的な考え方に着目したりして，考察し探究していくことである。

この解説の内容は，平成10年版学習指導要領における数

学的な考え方の扱いと近いものになっています。再度，日常の事象を数理的に捉える活動をするために，「数学的な考え方」を用いて考察し，探究していることの重要性について説かれていると言えるでしょう。

3. 数学的な考え方の変遷を振り返って

昭和33年版学習指導要領から登場した数学的な考え方について変遷を辿ってきました。

振り返ってみると，**数学的な考え方を働かせ，豊かにしていくことは，いつの時代も算数科を学ぶ意義そのものだった**ことがわかります。

特に，昭和33，43年版学習指導要領においては，目標の中にも数学的な考え方という文言が記載されており，算数科における数学的な考え方の重要性を，日本全体に浸透させようとする気概を強く感じます。

それ以降の学習指導要領においても，文言が目標の中に示されてはいませんが，常に数学的な考え方にかかわる目標が示されています。

数学的な考え方を働かせ，豊かにしていくことが目標の一部として示されていますが，重視すべきは「なぜ数学的な考え方を働かせ，豊かにしていくことが必要なのか」という問いです。

先に示したものですが，小学校指導書算数編（1969）には，次のようなことが書かれています。

算数科の学習では，絶えず，創造的な発展を図るとともに，一面では，創造したものをより高い，あるいは，より広い観点から統合してみられるようにする。さらに，これを次の飛躍への足場としていくなど，創造しつづけてやまないようにすることがだいじであり，このような能力と態度を伸ばすことが期待されているのである。

　また，小学校指導書算数編（1989）には，次のようなことが書かれています。

　算数を生み出していく過程では，基本的な原理や法則に裏打ちされた基礎的な知識と技能が必要であり，それらを活用して，児童が創造的，発展的に学習していく算数教育を期待しているのである。

　これらは，算数を学ぶ意義です。
　算数は，他教科と比べても，内容面の系統性がとても強い教科です。既習事項を使えば，新しい内容知や考え方を子ども自身でつくっていくことができる教科特性をもっているのです。だからこそ，算数は，子どもが創造的，発展的に学習を進めていくように心がけていかなければならないのです。

　そして，子どもが創造的，発展的に学習を進めるために

必要なのが数学的な考え方です。

　基礎的な知識・技能が必要なことは，学習指導要領の目標にも何度も示されています。しかし，それはあくまで創造的，発展的な学習を進めるために「使うもの」としての必要性が述べられているに過ぎません。**創造的，発展的に学習を進める根幹には，常に数学的な考え方がある**のです。

　平成29年版学習指導要領の算数科の目標には，「数学的な見方・考え方を働かせ」という文言が入りました。

　数学的な考え方と数学的な見方・考え方が，同じ算数科の根幹を成すものと考えれば，昭和43年版学習指導要領以来，数十年ぶりに目標に明示されたことになります。

　この事実は，算数を学ぶ意義をいま一度見つめ直し，算数を通してはぐくむべき「創造力」を強く意識する必要性を示していると言えます。

　次章以降では，低・中・高学年別に，「数学的な見方・考え方」を働かせ，豊かにする授業のつくり方を探っていきます。

【引用文献】

・中島健三『算数・数学教育と数学的な考え方』（金子書房．1981）
p49，51，70

・和田義信『和田義信著作・講演集4　講演集(2)考えることの教育』
（東洋館出版社．1997）p146〜147，150，197

・小学校算数指導書（文部省，1960）p17，197

・小学校指導書算数編（文部省，1969）p6，168

・小学校指導書算数編（文部省，1978）p7，8，155

・小学校指導書算数編（文部省，1989）p13，15，198

・小学校学習指導要領解説算数編（文部省，1999）p17，192

・小学校学習指導要領解説算数編（文部科学省，2008）p21，198

・小学校学習指導要領解説算数編（文部科学省，2017）p7，21

第**2**章

暁星小学校
山本大貴

低学年

子どもが潜在的にもち合わせる
見方・考え方を引き出し，豊かにする

1	経験からくる見方を大切にする	050
2	目に見える形で振り返り，意識づける	056
3	「ならべる」経験を精錬させていく	060
4	「他にもできないか」と探究する	066
5	発展的に考えながら，統合的にまとめる	072
6	説明するときの言葉に価値を見いだす	078

1
経験からくる見方を
大切にする

第1章の第2項でも述べたように，我々は，数学的な見方を，「問題を解くときの着眼点」だと考えています。

これは，学年を追うにつれ，様々な経験を重ねる中で，成長していくものです。まずは，算数をはじめて学習する1年生から，この数学的な見方を豊かにしていかなければいけません。

しかし，**入学したての1年生の中にも，数学的な見方はすでに存在しています**。それは，幼少期の経験から働かせているものでしょう。家庭での教育も大きくかかわってきますが，自然と身につけていることも多いものです。

例えば，「0」という数を学習したときのことです。

隣の列の子5人とじゃんけんして，勝ったら○，負けたら×と，各自結果を紙に記入してもらいました。

じゃんけんゲーム
1ねん　くみ　ばん
なまえ【　　　　　　】
5かい　じゃんけんして　かったら○
まけたら×を　かいておこうね

1	2	3	4	5

5回じゃんけんが終わった子から，その用紙を黒板に貼ってもらいました。

　そして，結果をわかりやすくするためには，どのようにしたらいいかを尋ね，

　「○の個数ごとに集める」

という意見を基に，並べ替えました。

　そのうえで，×が5個あるということは，○が1つもないということであり，こうした場合に「0」と表現することを指導しました。

　その後，子どもたちから，

　「もう1回やりたい」

という声があったので，同じことをもう一度行いました。

　今度は，だれとじゃんけんをしてもよいことを伝えると，大半の子が近くの子とじゃんけんを始める中，黒板の前に来て，先ほど貼った用紙を眺めている子がいました。

　「何をしているの？」

と尋ねると，

　「だれとじゃんけんをしたらいいか考えている」

と話してくれました。

　先ほどの結果を見て，**「なるべく○の数が少ない子とじゃんけんをした方が，勝てる可能性が広がる」**という見方をしていたのです。

　当然のことながら，このような確率的な見方は，教えていません。つまり，これまでの生活の中で，じゃんけんをたくさんしてきて，「もっと勝ちたい」という経験から，

このような見方が生まれたのでしょう。

　教師にとって大切なのは，**こうした見方を学級全体に広げてあげること**です。

　じゃんけんの途中でしたが，一度止めて，

「○○君が，黒板に来て，先ほどの結果を見ていたけど，何をしていたと思う？」

と尋ねると，

「○の数が少ない子を探していたと思う」

という反応がすぐに返ってきました。

　つまり，黒板を眺めに来た子だけではなく，大半の子に，こうした見方が培われていることがわかったのです。それを価値づけてあげることで，「自分も使ってみよう」と思えるようになるのです。

　この後，黒板の前に人だかりができると同時に，1回戦の結果，○の数が0個や1個の子たちの前には，長蛇の列

ができていました。

　別な事例をあげます。

　算数の授業ではありませんが，図書室で，司書の先生に読み聞かせをしてもらったときのことです。

　「ウラパン・オコサ」という，数遊びの絵本の中では，1のことを「ウラパン」，2のことを「オコサ」というように表すことで，例えば「5」という数であれば，「オコサ，オコサ，ウラパン」というように数えます。

　このように，ある数を「2」と「1」という数だけで表現し，偶数ならばオコサのみ，奇数ならば最後にウラパン，つまりあまりが出てしまうという内容です。

　絵本の読み聞かせが終わった後，同様の数遊びゲームを，子どもたちと行いました。

　まずはウラパン（1人）のグループをつくりました。

　次に，

　「オコサ（2人）のグループをつくりましょう」

と投げかけました。

　しかし，この日の出席した子どもが39人だったので，子どもたちは瞬時に「分けられないから，無理だよ」と判断しました。1年生なので，「あまりのあるわり算」は，当然未習です。

　では，この見方はどこで培われているかと言えば，普段の教室の机などが考えられます。1年生の教室では，2人1組隣り合わせにして机を並べています。そうした配置を

053

普段から目にしているので「**1人お休みがいるということ
は，2人1組になれない子が出る**」と考えたのでしょう。

　また，教室を移動する際に，1年生の初期段階では，隣
の子と手をつないで歩くことがよくあります。「**1人お休
みがいれば，手をつなげない子もいる**」という経験から，
あまりが出ると瞬時に判断できたのでしょう。

　教師は，こうした見方を算数の授業につなげ，さらに豊
かにしていくことが大切です。

　「いくつといくつ」の学習をした際に，再び2人1組で
じゃんけんゲームを行いました。

　まず，8回じゃんけんをしてもらい，その結果を，勝っ
た数と負けた数に分けて，短冊に記入しました。すると，
子どもたちは，じゃんけんが「よわい」「ふつう」「つよい」
という3種類に分類し始めました。

　「よわい」…勝った回数が半分より少ない

　「ふつう」…勝った回数と負けた回数がちょうど半分

　「つよい」…勝った回数が半分より多い

　その後，1回増やして9回じゃんけんした結果を同様に
分類すると，「ふつう」がないことに気がつきました。

　「偶然，『ふつう』の結果が出なかったね」
と投げかけると，

　「『ふつう』は，ありえないよ」
と返ってきました。

子どもは、その理由として、先ほどの図書の話と同様に、

「9は2つに分けられないから」

と説明してくれました。

また、「ふつう」が出るときは、「2, 4, 6, 8, 10」と2飛びの数のときであるという話をしてくれた子もいました。

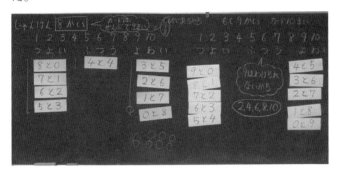

このように、低学年の算数授業では、**まずは子どもたちの経験からくる見方を大切にしていきたい**ものです。

2 目に見える形で振り返り,意識づける

　子どもたちが経験などから潜在的にもち合わせている数学的な見方・考え方を,その場限りで終わらせるのではなく,別な場面でも使えるようにすることが大切です。

　そのために,こうした**数学的な見方・考え方を,短冊カードに書き留めておき,子どもたちの目の届く場所に,常に掲示しておきます。**

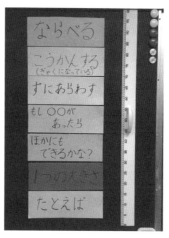

　そして,同じ見方・考え方が出てくるたびに,その短冊カードを掲示してある場所から取り出し,黒板に貼り付けることで,子どもたち自身に,

　「この前と同じ考え方だ」

と意識させることができます。

さらに，数学的な見方・考え方を子どもたちの中ではぐくんでいくためには，**「その日の授業の中で，どんなことが大切だったか」**を振り返る必要があります。

　この振り返りとは，一般的に，授業の終盤のまとめだと捉えられがちですが，それだけではありません。授業の序盤や中盤でも，数学的な見方・考え方が出てきた際に，

　「どうして，そう考えたの？」

などと問い返し，全体で共有していくことで，他の場面でも使えるようにしていかなければなりません。

　その際に，見方・考え方をまとめた短冊カードを活用したり，考え方を一つひとつ板書に残したりすることで，授業の終盤にも役立ってきます。板書に残った短冊カードや言葉を見ながら学習感想を書かせるなど，様々な方法がありますがここでは**「授業のタイトルを自分たちで考える」**という方法を紹介します。

　例えば，「くり上がりのあるたし算」の単元において，「□＋□＝14」になるたし算を，他の子と重ならないようにノートに１つ書いてもらい，それを１つずつ発表してもらいました。

　式を一つひとつ短冊に書き，黒板に貼っていくと，似たような活動をこれまでにも経験してきているので，子どもたちからは，

　「並べますか？」

という声が自然と聞こえてきました。

そこで、並べ替えてもらうと、「11 + 3にすればよかった」などとつぶやいている子がいました。並べたことにより、全種類が出ていないことに気がつき、抜け落ちている数がわかったのです。

この授業の終わりに、

「他の場面でも使える、大切な考え方は何かな？」

と尋ね、各自ノートにタイトルをつけさせると、「ならべるとわかる」とまとめている子が多く見られました。並べたことにより、きまりなどが見えた場合は、同じようなタイトルをつけてきたので、「今回も並べることが大切」ということを感じたのでしょう。

反対に、子どもたちからまとめの言葉が出てこなかった失敗例も紹介します。

2年生の「かけ算」の導入を行ったときのことです。

玉入れを題材にして、かごに入った玉を数える際に、青組は2個ずつ、赤組はバラバラにかごから出る映像を流しました。子どもたちからは、

「青組の方が、同じ数ずつだから数えやすい」

という意見があがり，それを基にかけ算の式を指導しました。

しかし，黒板に「同じ数ずつ」という言葉を書かなかったために，

「今日の授業で，大切なことはなんだろう？」

と尋ねても，「かけ算」などの知識に当たる言葉しか出てきませんでした。

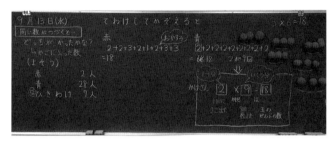

そこで，

「赤組はどうしてかけ算の式に表せないの？」

と発問したことで，ようやく

「同じ数ずつじゃないから」

と，「同じ数ずつ」に着目して，まとめることができました。

このように，子どもたち自身に，数学的な見方・考え方を繰り返し意識させていくためには，**黒板に目に見える形で残して振り返ることが大切**です。

3
「ならべる」経験を精錬させていく

　この項からは，低学年で働かせることができるようにしたい数学的な見方・考え方を，具体的に示していきます。

　まず，低学年で最も繰り返し出てくるのが，「ならべる」だと考えます。しかし，**同じ「ならべる」でも，いくつかの意味合いがあります。**

1. バラバラなものを種類ごとにまとめる

　例えば，「ひろさ比べ」の単元において，2人1組でじゃんけんを行い，右の子が勝ったら右端から順番に，左の子が勝ったら左端から順番に，マスを塗るというルールで陣取りゲームを行いました。結果を黒板に貼ってもらうと，「右の子が勝ち」「同点」「左の子が勝ち」という3種類に並べ替えてくれました。この「ならべる」は，**同じ種類のものを分けることで，勝ち負けを見やすくするためです。**

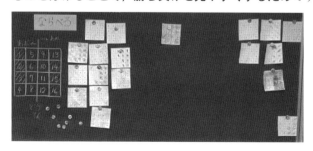

2. きまりを見つける

「くり下がりのあるひき算」の単元において、答えが7になるひき算の問題を、ノートに書いてもらいました。その後、1人の子どもにノートに書いた問題を発表してもらい、式が「16 − 9 = 7」になることを確認しました。

「他の子も、式が16 − 9 = 7になりましたね」
と発問すると、

「式は他にもあるよ」

という意見が出たので、あげてもらいました。

その式を、順に「ならべる」ことで、きまり（ひかれる数が1増えると、ひく数も1増える）が見えてきて、どんな数が抜け落ちているのかがわかったのです。

また、このきまりを用いれば、「20 − 13」といった未習の式も4ずつ増えているから、きまりに当てはまり、答えが7になることが理解できました。

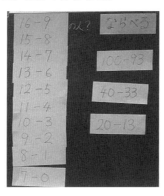

このように，同じ「ならべる」でも，意味合いの違いがあります。それをきちんと理解させるためには，

「どうして並べようと思ったの？」

と問い返していくことで，ただ「ならべる」だけではなく，「どんな場合に並べたらよいか」という見方・考え方を働かせられるようにする必要があります。

まずはじめに経験するのは，「いくつといくつ」の単元でしょう。しかしこのときは，子どもたちの経験からくる潜在意識が中心となるため，バラバラになっているものを見て，「並べたい」という意見は出ないかもしれません。

その場合は，教師側から，

「どのようにしたらわかりやすくなるかな？」

と尋ねれば，

「小さい（大きい）順に並び替える」

という意見が出るでしょう。その意見を基にして，「ならべる」という短冊カードをつくります。

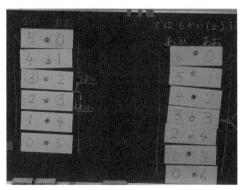

その後，同じような活動を行うたび，「ならべる」ことの大切さを指導しながら，短冊カードを貼り続けます。

すると，ある日，

「今日も並べますか？」

と，教師が指示しなくても，動き始める子が出てきます。

このように，**子どもたちが主体的に動き出すまで待つことも大切**です。約半年近くかかったこともありましたし，1か月もかからない場合もありました。いずれにしても，子どもたち自身がその考え方が大切だと思わなければ，次の場面で使おうという気持ちにはなりません。

そして，**主体的に動き出した子どもたちを全体の前でほめる**ことで，次の場面から，少しずつ主体的に動き始める子が増えていきます。

また，子どもに並べ替えてほしい場合は，画用紙でつくった短冊を用意し，書いた式などを動かせるようにします。

しかし,「ならべる」ことの大切さを感じてくると, 教師が思ってもみないところで,「並べたい」という意見が出てきます。

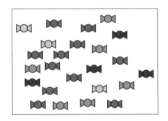

　例えば, 電子黒板上にあめを一瞬だけ映して消すと,「何個あるのかわからない」という意見の中,「並べればわかる」と, 10個ずつ並べようとする子が出てきました。
　この場合の「ならべる」は, **十進位取り記数法のよさを生かし, 数えやすくするため**です。

　「ならべる」ことの大切さが浸透してきたら, 次に「どうして並べようと思ったのか」を尋ねていきます。
　上述のように,「ならべる」ことには,「わかりやすくする」「きまりを見つけやすくする」など, 様々な目的があるので, それをきちんと確認しなければなりません。
　2年生の「表とグラフ」の単元において, 棒グラフにつながる素地指導を行いました。
　校外学習で動物園に行ったことを思い出し, 一番印象に残った動物をブロックで表してもらいました。
　その集計をするために, 書き終えた子から順に, 黒板に貼りに来るように促すと,

「並べてもいいですか？」
という意見がたくさん聞こえてきました。

そこで、いったん席に戻し、

「どうして並べたいの？」
と問い返すと、

「一番人気を調べるため」と返ってきました。

今回はきまりを見つけるためではなく、一番人気をわかりやすくするためであることを確認し、並べてもらいました。しかし、子どもたちに並べ方を任せてみると、同じ種類ごとに5個ずつのまとまりをつくり始めました（下図）。

そのとき、ある子が、「それぞれの数がわかりやすい」とつぶやきました。

そこで、もう一度、「ならべる」目的が「一番人気をわかりやすくするため」であることを確認し、**左端をそろえて棒グラフのように長さで比べる**ことにまとまりました。

このように、その都度意味合いを振り返ることで、見方・考え方を精錬させていくことが大切です。

4
「他にもできないか」と探究する

第1章の第2項において，数学的な考え方を，「論理をまとめたり，高めたりするための視点」と述べました。

低学年においては，答えが出て，それに満足するのではなく，**別な解法はないかや，オープンエンドの問題であれば，他にも答えがないかなどを探究する子どもたちを育てていきたい**ものです。

例えば，「くり上がりのあるたし算」の単元の習熟として，以下のような問題を扱いました。

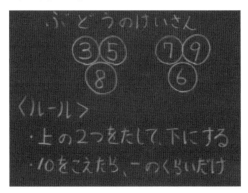

その後，ぶどうを3段に増やして，

「○の中に同じ数字が重ならないようにできる？」

と投げかけました。

子どもたちは，1つできると，

「先生，できたよ」

と，多くの子は○をつけてもらうことに気が向いています。

その中で，

「他にもできるのかな？」

とつぶやいた子がいました。こうした言葉を価値づけてあげることが大切です。

この言葉により，他の子どもたちも2種類目を考え始めることができました。

また，次の日までに，全部で何種類あるのかをおうちで調べてきた子もいました。その子は，全部で172通りの答えがあることを導き出しました。その172通りを考えるうえで，**「落ちや重なりがないように調べる」**という6年生の「場合の数」における見方・考え方をしていました。

落ちや重なりがないように調べるために，先頭を固定して考えることをしますが，同様に考えて，左上の○を1から順番に固定して考えたのです。

しかし，この子は，鏡のように左右が反転するパターンがあることに気がつき，一番上の真ん中の○を固定して考えていました（次ページ写真参照）。

低学年の子どもでも，このように自分で整理して考えるときには，自然とこうした考え方ができることに驚かされました。

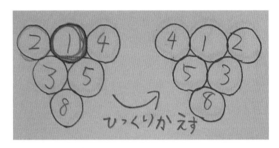

　また，この子は，授業で2つ，3つと発展させたことを基に，さらに「4つのぶどうの計算」に発展させ，0～9の数字が重ならないようにできないかも考えていました。

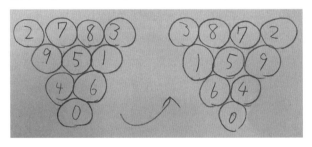

　こうした1人の子どもの考え方を全体にも紹介することで，他の場面においても，自然と「他にもできないかな」と考えられるようにしたいものです。

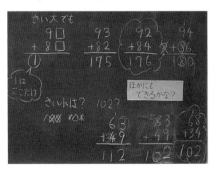

また、子どもたちが、**授業以外でも「他にもできるかな」と考えたくなる教室環境を整えること**も大切です。

本校では、独自のカリキュラムのため、3年生の「3けたのたし算」の学習を2年生で行っています。その習熟の時間に、0～9の数字カードを1枚ずつ使って、

「□□□＋□□□＝□□□」

を完成するように投げかけました。

子どもたちは、数字カードを動かしながら試行錯誤し、答えをたくさん導き出していました。

授業の最後に、ある子から、

「4のカードを使わないときに、4種類できた」

という意見があがりました。

そこから、

「使わないカードの数字と、そのカードを使わないで完成できる種類が同じではないか」

という仮説が立てられました。

そこで、上述の「ぶどうの計算」を自主的に調べてきた

子の話を思い出させ，自分で考えてみるように投げかけました。

しかし，そのように言われても，実際に取りかかる子どもは限られています。そこで，学級全体のやる気を高めるために，教室の掲示板に次のようなものをつくりました。

自分が答えを見つけたら，専用の紙に記入し，使わなかった数字（各枠の左上隅の数字）ごとに分類しながら，掲示するというものです。

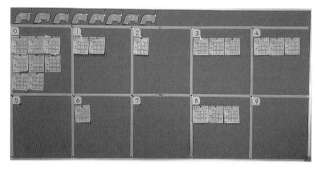

新しい種類を発見する喜びを味わえ，その発見者の名前が掲示板に残ることもあり，お昼ごはんを早く食べ終わって，「ごちそうさま」までの時間に取り組んでいたり，雨の日の休み時間に取り組んでいたりと，積極的に取り組む姿が見られました。

また，「5」「7」「9」を使わないでできるパターンが見つかっていないことも，このような掲示板で示すことにより，わかりやすくなります。すると，あえて，そのカードを除いて完成できないかと考える子どももいました。

こうしたおかげもあり，1週間後には，枠をはみ出るほ

どの種類(数字を並べ替えたものや、入れ替えただけのものは、同じ種類として扱う)を、クラス全体で協力して見つけることができました。

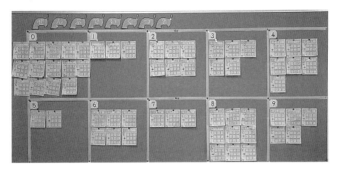

このように、まずは「他にもできないか」と考えることを低学年のころから意識して指導することによって、発展的に考えられるようにしていくことが大切です。

5
発展的に考えながら，統合的にまとめる

「他にもできるかな」と発展的に考えられるようになれば，その考え方を様々な場面で活用できるようになります。

2年生の「時間と時刻」の単元において，以下のような問題を扱いました。

> 午前8時から午前11時までは，何時間ですか。

前時までに，以下のような図を用いて考えていたこともあり，子どもたちからは，

「図を使えば，簡単だよ」

という声が聞こえてきました。

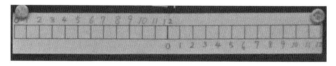

この図を用いて，3マス分塗ることができるから，3時間であることが理解できました。

すると，ある子が，

「式でもできそう」

とつぶやきました。

この意見を全体に広げてみると，「11－8＝3」という

式があがりました。

すると，式で表せるかを確かめるために，

「他の数でも試してみよう」

という声が聞こえてきました。

そこで，午前8時から午前12時までの時間を考えてみると，「12−8＝4」と，図と照らし合わせることで，答えが正しいことがわかり，

「式でも考えられそう」

と，大半の子どもが納得していました。

しかし，ある子から，「例えば，午前8時から午後5時までだったら，無理ではないか」という意見が出ました。これまでと同様に考えると，「5−8」となり，式に表すことができなくなるというわけです。

すると別な子から，次のような打開策が生まれました。

「0，1，2…12時と続いているのだから，午後1時は，12時の隣なので，13時とも考えられる」

日常生活においても24時間制の表記はよく見かけますが，その知識としての意見ではなく，順序数に着目して考えていたことがすばらしいと感じました。

その意見を基にすれば，午後5時は，17時とも考えることができ，「17−8＝9」という式が成り立つことを理解することができました。

この24時間制の表記についても確認をしながら，他の数

でも試してみると、式の有用性を感じていました。

そして、次時に、以下の問題を提示しました。

> 先生は、午後10時から午前4時まで寝ていました。何時間寝ていましたか。

各自ノートに考えてもらうと、「10－4＝6」という式を書いている子が大半でした。前時までに、式で表すことを考えてきましたが、きちんとした理解ができていないことがわかりました。

ある子から「式がおかしい気がする」と意見があがったので、いつも通り他の数で考えてみることにしました。

すると、**「午後8時から午前8時まで寝た」という極端な例**を出してくれた子がいました。先ほどの式と同様に考えれば、「8－8＝0」ですが、「寝ている時間が0時間はありえない」と、どの子も納得し、式のおかしさに気がつきました。

そこで、図に立ち返って考えてみることにしました。すると、以下のような図で6時間と説明してくれました。

しかしこれは，午前0時から午前4時までと，午後10時から午後12時まで寝ていた図です。そこで，もう一度考えてもらうと，以下のように**2枚つなげて表現し始めました**。

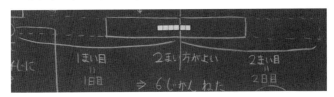

　なぜ，2枚で表す方がよいかを考えてもらうと，
　「2日間にまたがっているから」
という意見があがりました。この図を用いれば，答えは6時間であることが明白です。

　答えは6時間だが，式はおかしいということで，前時までの問題を振り返り，この式で本当によいのかどうかを考えてもらいました。すると，正しい式は，「4－22」になることに気がつきました。再び，式を活用できない場面に出合ったことになります。そこで，

「式が使える場面と使えない場面の違いは，なんでしょうか？」

と発問しました。

　図と式を照らし合わせながら考えると，枚数の違い，つまり「日づけがまたがるかどうか」という意見にたどり着きました。同じ1日の中であれば式を用いることができ，次の日になった場合は式は使えないとまとめました。

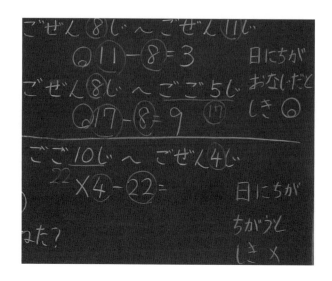

　最後にもう一度,「式で考えることはできないか」を次の時間に扱いました。ここで重要になってくることが,前時にまとめをした**「日づけをまたがなければ式が使える」という考え方**です。

　この考え方と,図を照らし合わせて考えると,1日目は「24-22=2」,2日目は「4-0=4」になり,2つを合わせて「2+4=6」時間と求められます。

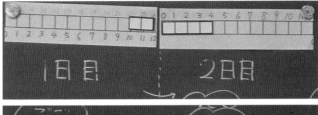

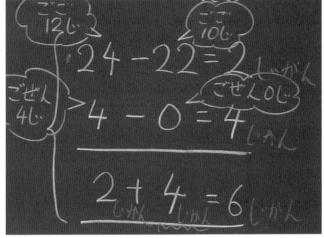

　発展的に考えることで，同じものと考えることもできれば，違う場合もあります。

　その中で，**「同じと考えれば」という目を養い，統合的な考え方を培っていくことも大切**です。

6

説明するときの言葉に
価値を見いだす

　子どもたちに考えさせ，その理由を説明してもらう際，
数学的な見方・考え方につながる，大切な表現が含まれて
いる場合がよくあります。

　そこで，低学年の最終項となる本項では，そのような，
数学的な見方・考え方につながる子どもたちの言葉に着目
してみます。

1.　例えば

　自分の考えた根拠を説明するときなどに，ある具体例を
提示するために用いられる言葉です。

　2年生の「2位数のひき算」の学習において，計算練習
も兼ねて，ある2桁の数（64）から，十の位と一の位を入
れ替えた数（46）をひくという問題を扱いました。

　この問題は，答えが必ず9の倍数になり，そのような不
思議さを感じてもらうために，まずはじめは，十の位を子
どもたちに決めてもらい，一の位は，差が2になるように
教師が決めることで，2桁の数をつくりました。

　すると，答えがいつでも18になることに疑問を感じ，

　「反対にしてひくと，いつでも答えが18になるのではな

078

いか」
という予想が立てられました。

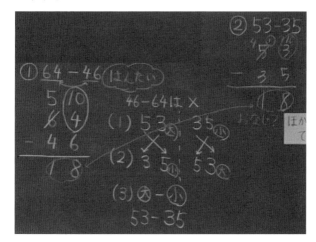

同様に答えが18になる問題をもう1題扱うと、
「ほかの数でもやってみたい」
と、自分で2桁の数を決めて計算する子が現れました。

すると、
「十の位と一の位が同じだったら、18にならない」
という声が聞こえてきました。

詳しく尋ねてみると、

「例えば、2桁の数が55なら、55－55で0になる」

と説明してくれました。

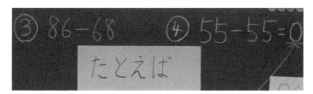

あるきまりに対して、それが成り立たないという反例を考える際に、「例えば」という言葉を用いることで、わかりやすくなったのです。

このように、**「まずは1つの例をとって考えてみる」**ことは、問題を解くうえで大切な見方です。

2. もしも、〇〇があったら

問題の条件には含まれていないけれど、「もしも」と仮定することにより、発展的・統合的に考えようとしているときに用いられる言葉です。

1年生の「ひき算」の学習をしたときのことです。
「7－2」の式になる問題を考えてもらい、答えが5になることを確認しました。その後、1～9の数字カードを1枚ずつ用いて、答えが5になる式は他にもあるかを考えてもらいました。

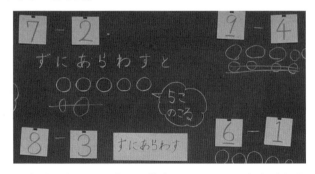

図を用いながら、すべて答えが5になることを確認する

と,「5」のカードだけペアになるカードがなく,あまっていることに気がつきました。

すると,

「もしも,10か0があったら…」

と,発展的に考えようとする子どもが出てきました。

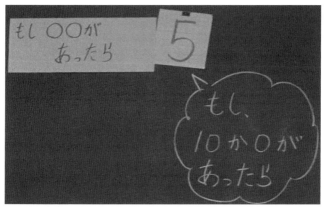

このように,**自分で条件を変化させ,「同じと見る」こ
とで,発展的・統合的な考え方へとつながっていきます。**

子どもたちの言葉を大切にすることが,数学的な見方・考え方を豊かにしていくうえでは重要だと考えます。

また,そういった子どもたちの言葉を引き出すためには,教材やその提示の仕方などへの工夫が必要不可欠であると考えます。

自分の言葉を大切にしてもらった子どもたちは,

「次もよい意見を言えるようにがんばろう」

と思えるようになり,中学年・高学年の学習にもよい影響

を与え，より数学的な見方・考え方が豊かになっていくの
ではないでしょうか。

筑波大学附属小学校
盛山隆雄

第 **3** 章

中学年

わからない子どもへの手だてが
全員の見方・考え方を豊かにする

1　わからない子も，わかっているつもりの子も ……………………… 084

2　条件からわかることを問い演繹的な考えを働かせる … 086

3　立場を変えて考えさせる ……………………………………………… 092

4　帰納と演繹はセットで経験させる ………………………………… 098

5　いくつかの考えを束ねて統合的に問題を捉えさせる … 106

1
わからない子も，
わかっているつもりの子も

　子どもが問題をどう解いてよいかわからず立ち止まって
いたら，どんな言葉をかけますか？　困っている子どもへ
の対応は，私たち現場教師にとって常に課題です。子ども
の実態や算数の内容に応じて，どのように手だてを講じる
か考え続ける必要があります。

　わからない子どもに答えを教えても意味がありません。
答えを教えた後にその意味を説明しても子どもは常に受け
身です。授業者は教えたつもりになりますが，聞いただけ
で理解するのは困難です。また，実際の授業では，個別に
説明する時間はさほどないでしょう。

　答えを教えるのではなく，**子どもが自ら動くことができ
るように着眼点を教えたり，解決に用いる既習を教えたり
すること**が得策です。その着眼点や既習を教えるのも子ど
もです。子ども同士で学び合うことで，数学的な見方・考
え方を育てる授業を目指すのです。

　わからないで困っている子どもへの手だてを考えること
は，結果を出すプロセスに焦点を当てることになります。
**数学的な見方・考え方は，まさにどこに着目して，どのよ
うなアプローチをするかを問題にするので，わからない子
どもへの手だてが数学的な見方・考え方を教える授業づく
りに役立つ**ことになります。

最初に「どのような言葉をかけますか？」と問うたのは，わからない子どもへの手だてとして，教師の言葉である発問が鍵になると考えるからです。特に個別指導場面ではなく，一斉授業の中でどんな発問をするかについて具体的な実践を基に考察したいと思います。

またその発問は，実は，わからない子どもだけでなく，わかっているつもりの子どもにも考えさせるものです。**1つの方法に留まらず多様な方法を考えたり，1つの方法をしっかり友だちに説明できるようにさせるため**です。

このように，わからない子どもへの手だてを考えることが，数学的な見方・考え方を育てる授業づくりにつながるのではないかと考えました。

中学年は，最も子どもがオープンマインドによく手をあげて活発に表現する学年です。そういう学年だからこそ**「わからない」ということを素直に受け入れることも教えて，高学年でさらに思考力を伸ばす「素直さ」という精神的な土台を築くことが大切**です。

活発な表現があれば教師はその表現に切り返すことで授業を展開できます。**「それはどういう意味かな？」「なぜそうなるのかな？」といった問い返しの発問**です。子どもの表現に問い返す発問こそ，数学的な見方・考え方を育てるための手だてになると考えます。

これから，具体的な実践を紹介しながらその手だてについて説明していきたいと思います。

2

条件からわかることを問い
演繹的な考えを働かせる

3年生の「時間と時刻」の単元の活用の授業です。

本時は,子どもたちが名探偵になったつもりである事件について考えるという場を設定しました。

問題は次のようなものです。

> 昼間に空き巣に入られた時刻を示した時計が部屋に転がっていました。何時に泥棒が入ったでしょうか。図のように時計には数字が書かれていません。

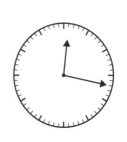

この授業の主発問は,以下の通りでした。

「この時計の針の位置を見て，なんでもいいからわかることを考えてみよう」

短針や長針の位置からどんなことが言えるかを子どもたちに考えさせたのです。これは，**条件からわかることを考えて，問題解決に生かそうとする考えで，演繹的な考え方の1つ**にあたります。この思考によって，まったく手がつかなかった子どもに考える材料を与えることになります。

本授業では，まず長針に着目する子どもが現れました。

「先生，長い針を見れば何分かだいたいわかるよ」

この発言を聞いて，

「長い針を見てどんなことがわかるかみんなで考えてみよう」

と投げかけました。着眼点がはっきりしたので考えやすいのです。

しばらくして，子どもたちに発表してもらうと，長い針は小さな目盛りの2つめなので，一の位が2分か7分だと言いました。「○時○2分」か「○時○7分」と考えたのです。

もっと具体的に言うと，2分，7分，12分，17分，22分，27分…のいずれかということになります。この考えが発表されたとき，

「答えがわかった！」

と言う子どもが何人も現れました。発表してもらうと，

「12時17分です」

と言いました。確かに時計の向きからしてそのように見えます。しかし，次のように批判する子どもも現れました。

「短い針がここにあるから，17分はおかしいです」

この発言に対して，

「では，短い針が指す目盛りをよく見て，どうして17分はおかしいのか考えてみよう」

と全体に振りました。この発問も演繹的な考え方を促すものです。今度は短針からわかることを考えるからです。

しばらくして聞いてみると，次のような意見が出ました。

「短い針は，1目盛りで12分だから17分にはなりません」

「どうして12分と言えるの？」

と尋ねると，他の子どもが，

「12分，24分，36分，48分，60分だからです」

と言って，計算では12×5＝60だから1目盛りは12分になることを説明しました。まだ2桁でわるわり算を習ってないからこのような説明になったのだと思います。

ここで，考える材料がそろいました。あとはこれらの情報を組み合わせて答えを導くだけです。

「長い針や短い針からいろいろなことがわかりましたね。では，この時計が指す時刻を考えてみましょう」

と最後に投げかけました。

しばらく考えた後に子どもたちの多くが答えを導くことができました。しかし，何人かの子どもは，「〇時12分までしかわからない」と言いました。

そこで，次のように問い返しました。

「どこに目をつければ，何時かがわかるかな？」

すると，次のように言ってくれる子どもがいました。

「長い針が12分なら，その近くの長い目盛りの数字がいくつかわかる」

この発言は，目盛りの数字への考察に視点を変えることを促すものでした。

「なるほど。この目盛りの数字を考えるんだね」

その後少し時間をとって，まだわかっていなかった子どもたちに考えてもらいました。これで長針が指す目盛りの近くの長い目盛りの数字は全員が「2」とわかったのです。

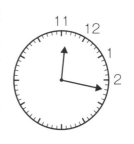

この後は，順に他の目盛りの数字も発表されて，この時計が表す時刻は11時12分と答えが出ました。

この授業では，ある状態や結果からどんなことが言えるかを探る思考を子どもにさせました。これは，直接問題の答えを求めにいくものではありません。**まずは問題の条件からわかることを考えて，その中の情報に問題解決に使えるものがないかと考えていく思考方法**です。だから，手がつかない子どもにヒントとなる問題解決の1つのアプローチの仕方だと思います。

別の事例でも説明します。3年生のたし算の筆算です。

右のような虫食い算の問題です。0～9の数字が1つずつあり，□に数字を当てはめて，筆算を完成させます。1桁＋2桁＋3桁＝4桁になる筆算です。

この条件からどんなことがわかるでしょうか？

実は，答えの千の位の数字は「1」に決まることがわかります。2以上になることはありません。1桁＋2桁＋3桁の□に，仮に最大の数字を入れて考えてみます。9＋99＋999＝1107です。

また，3桁のたす数の百の位も「9」に決まることがわかります。仮に8だったとしたら，1くり上がっても9ですから，答えは4桁になりません。

このような教材研究があれば，子どもに段階を追って次のように尋ねることができます。

①「この筆算で□の数が決まるところがあるのかな？」

②「答えの千の位の数はいくつになるのかな？」

③「たす数の百の位の数はいくつになるのかな？」

④「答えの百の位の数はいくつになるのかな？」

　これらを尋ねている途中で子どもが他の決まる数に気づけば，子どもの意見を生かしながら授業を展開します。

　「問題の条件からわかることを考えてみる」という演繹的な考え方をすれば，問題解決の糸口が見つかります。

　右上のように，わかるところから数を入れると，残りは2桁までの計算の考察で済みます。

　子どもには，数字カードを使って試行錯誤させることが大切です。右下のように筆算は完成できるので，できた喜びを全員に味わわせたいものです。

$$
\begin{array}{r}
\square \\
\square\square \\
+\ 9\,\square\square \\
\hline
1\,0\,\square\square
\end{array}
$$

$$
\begin{array}{r}
3 \\
7\,4 \\
+\ 9\,8\,5 \\
\hline
1\,0\,6\,2
\end{array}
$$

　ちなみに，今までの指導では，この手の問題は，とにかく試行錯誤のみということが多かったように思います。確かに，試行錯誤しながら，ヒントを得ていくパターンもあります。しかし，今回のように，**試行錯誤する前に問題の条件からわかることを探ってみることも，子どもたちに経験させることが必要**です。

　中学年ごろから，論理的な思考の代表格とも言える演繹的な考え方を，意識して子どもたちに身につけさせることが大切だと思います。

3

立場を変えて
考えさせる

　問題を解決しようとするときに,「立場を変えて考える」
という方法があります。

　例えば,「○年生だったらどう考えると思うか」「どんな
間違いがあると思うか」「友だちの説明はよくわかったか」
といったことを考えさせるのです。

　立場を変えて考えるとは, **異なる既習の立場で考えたり,
間違う立場で考えたり, 評価する立場で考えたりすること**
です。

　そのように, 立場や視点を変えて一度考えてみることで,
問題解決のヒントを得られることがあります。また, まっ
たく手がつかなかった子どもも, 気を楽にして思考を働か
せることができます。

　では, 具体的な実践を通して考察していきましょう。

　4年生のかけ算の性質の活用の授業です。主に分配法則
を活用することで, 問題を解決することをねらいとしまし
た。問題は, 次のようなものでした。

　5のボタンがこわれた電卓があります。5のボ
タンを使わないで, 18×25の計算を電卓を使って
しましょう。

092

この問題を子どもに出したら、すぐにノートに考えを書き出す子どもと、どうやっていいかわからない子どもに分かれました。

そこで、次のように発問をしました。

「もしも2年生だったら、どうやって考えるかな？」

発問した後、隣の友だちとペアになって話し合ってもらいました。「かけ算の意味は知っているから…」というような声が聞こえました。

しばくして発表してもらうと、次のような意見が出てきました。

「18＋18＋18＋18＋……＋18＝450

18を25回たします」

この考えが発表されると、みんなが笑顔になりました。

「これでも立派な1つのやり方だよね」 と言ってあげると、みんなほっとしたようでした。

そして、実際に全員が電卓でやってみました。苦労しますが、確実に答えを出すことができます。

実は，この問題を解決するための基礎が，この同数累加の式だと考えていました。これがあると，例えば18×24＋18といった分配法則の式を説明しやすくなります。つまり，演繹的な考え方がしやすくなるということです。

　子どもたちの自力解決の様子を見ていると，この方法を書いている子どもがいなかったので，

「もしも2年生だったら，どうやって考えるかな？」

という発問で引き出しました。

　さて，この後には，次のような式が発表されました。

「18×24＋18＝450」

　そこで，次のように問い返しました。

「これはどういう意味かな？　この式を使って説明できませんか？」

「この式」というのは，先ほど出た同数累加の式のことです。このとき，ある子どもが次のように説明しました。

「18×24は，18を24回たした答えのことで，＋18は残っているあと1つの18のことです」

　この考えを聞いて，

「これを使えばたくさんできる」

とつぶやく子どもがいたので，次のような対話を子どもたちとしました。

「『これを使えばたくさんできる』と言っている人がいるけど，どういうことかな？」

「結局，25個の18をいくつといくつに分けて計算するかってことだからです」

「例えば，18×23＋18×2でもできます」

「18×22＋18×3でも大丈夫だよ」

「なるほど，ではこの考えを使って，あと2つノートに式を書いてごらん」

と投げかけました。

「結局○○するってことだから…」，とひと括りにする考えを，統合的な見方・考え方と言っています。統合的に見ることができれば，同じように考えて他の式を出すことができます。**統合的な見方・考え方は，算数が苦手な子どもにとても優しい考え方**なのです。

他の式を書いているときに，

「ひき算でもできるよ」

と言い出す子どもが現れ，「18×26－18」といった式も発表されました。確かに，これも「5」のボタンを使っていません。25という数を（26－1）とみて計算したのです。

ここで，知識をいったんまとめておきました。

「18×25は，例えば18×23と18×2のように，かける数を分けて計算しても答えは変わりません。このようなきまりを『分配法則』といいます」

さて，他にも考えは出てきました。

「3×17＋3×8＝75　75×6＝450」

この式が発表されたとき，

「75×6のときに5のボタンを使っているよ」

と指摘を受けました。しかし，

「確かにルール違反だけど，これはどうやっているのか

095

な？　意味がわかる？」

とみんなに考えてもらいました。

　「まず，$3 \times 17 + 3 \times 8 = 75$の部分はどういう意味かな？」

　「さっき先生が言った分配法則を使って，3×25を計算していると思います」

　「なるほど，25を17と8に分けて計算してるんだね」

　「では，なぜ75×6をしたのかな？」

　$3 \times 25 = 75$で，その75の答えを6倍した理由をみんなで話し合いました。

　そして，次のような意見が次々と出てきました。

　「18×25にするには，3×25の計算を6回するからです」

　「$18 = 3 \times 6$だから，$18 \times 25 = \underline{3 \times 6} \times 25 = \underline{6 \times 3} \times 25$だから，$3 \times 25$に6をかけます」

　このとき，自然に交換法則を用いて説明していました。分配法則や交換法則といった計算の性質を用いて計算について考えることがねらいでしたので，交換法則の部分は後から価値づけました。

　最後に，次のような考えが登場しました。

　「$18 \times 100 \div 4 = 450$」

　「これはどういう意味だろう？　18は100個もないけどね」

とすぐに問い返して，しばらく考えてもらいました。

　「18は100個もないけどね」という言葉がヒントになって，次のような説明が出てきました。

「18×100で100個分の計算をして，÷4をして25個分を出しています。この方が計算が簡単です」

「25は100÷4だから，18×100÷4とできると思います」

このように子どもたちは説明していきました。

授業が終わるころ，最後に次のような発問をしました。

「5のボタンを使えない電卓で，18×25以外に，どんな計算の問題をつくれるかな？」

これも実は，立場を変えて考える発問です。問題を与えられる立場から問題をつくる立場へのチェンジです。

この発問に対して，挙手した子どもを指名すると，次のような式を言いました。

「18×50です」

「あー，なるほどー」

この式について次の授業までに考えてくることが宿題となりました。

4
帰納と演繹は
セットで経験させる

　帰納的な考え方とは，いくつかの事例からきまりを見つけて，問題解決に生かそうとする考え方です。一方で，演繹的な考え方とは，きまりに基づいて，なぜそうなるのかを説明しようとする考え方です。**帰納と演繹はセットで経験させることができ，きまりを見つけたら，なぜそのきまりが成り立つのかを説明するという流れ**になります。帰納から演繹へは自然な流れと言ってよいでしょう。

　さて，その帰納的な考え方や演繹的な考え方が両方出るように工夫した４年生の変わり方の授業を紹介します。

　子どもたち全員に長方形の用紙を配付しました。でも，子どもたちにはまだ触らせないで，紙をみんなの前で半分に折りました。

　そして，開いて見せて，次のように尋ねました。
「何が増えましたか？」
「折り目の線！」「長方形の数！」
といった答えが返ってきます。それを丁寧に板書しました。黒板に長方形の紙を貼って，折り目の線を子どもに書いてもらいました。左側には折った回数，右側には折り目の本数と長方形の数を書きました。

折った回数			折り目	長方形
1			1	2

　次に，長方形の紙を半分，半分と2回折って見せて，

「さあ，紙を開くと折り目はいくつになるかな？」

と尋ねました。

　子どもたちに予想を聞いてみると，多くの子どもが3本に挙手し，数名の子どもが4本や2本に挙手をしました。

　予想した後に，

「では，実際に折って確かめてごらん」

と言って作業をさせ，折り目の本数が3本であることを確認しました。

折った回数			折り目	長方形
1			1	2
2			3	4

「次は何をすると思う？」

「もう1回折ると思います」

　すぐに子どもたちから返事が返ってきました。みんなの

前で1回，2回，3回と折って見せて，

　「さあ3回折ったときの折り目の本数を予想しよう」

と言いました。このときには，

　「数を整理して表しておきますね」

と言って表を板書し，子どもたちにノートに書かせました。

折った回数	1	2	3	
折り目の数	1	3	?	

　3回折ったときの予想をさせたところ，思いのほか多様になりました。予想した本数とその理由をあげておきます。

①5本　　　1，3，5と2本ずつ増えると思ったから。

　　　　　（帰納的な考え方）

②7本　　　図を見て，長方形の真ん中に折り目が入るの

　　　　　で，4本増えて3 + 4 = 7

　　　　　（演繹的な考え方）

折った 回数		折り目	長方形
1		1	2
2		3	4
3		7と予想	

100

③9本　　　　1，3，9と3倍になると思ったから。
　　　　　　（帰納的な考え方）
④6本　　　　1，3，6と，＋2，＋3で増えていくと思った
　　　　　　から。（帰納的な考え方）

　予想といっても立派な理由・根拠がありました。表の数値から帰納的にきまりを読み取ったものと，図から仕組みを考えて演繹的に説明したものがありました。

　4つの予想のうち，3つは不正解です。しかし，等差数列，等比数列，階差数列と，**将来出合うであろう数学（多様な変化の様子）を子どもたちが考え，説明することは意義のあること**です。

　予想の説明が終わったら，すぐに折って調べてもらいました。正解は7本でした。

「次は，4回折ったときの本数を考えてみようか」
と言って，すぐに再び予想に入りました。

　次は，15本と予想する子どもが多かったのですが，13本と予想する子どももいました。

　15本は，やはり図を見て，8個の長方形の真ん中に折り目が入るだろうということが理由でした。

　13本は，1，3，7，13と，＋2，＋4，＋6で増えるからが理由でした。増える数がきれいに2ずつ増えると考えたのです。この考えは，表の数値から帰納的にきまりを見つけて予想したものでした。

　実際に折って確かめてみると，15本でした。ここで，子

101

どもたちは，長方形の真ん中に折り目が入ることを確信しました。表に整理すると，下のようになりました。

折った回数	1	2	3	4
折り目の数	1	3	7	15

そして，子どもたちに「最後の問題です」と告げて，

「8回折ったときの折り目の本数を求めましょう」

と板書しました。そして

「大サービスです。今回は紙を折って調べても構いません」

と言いましたが，すぐに，

「先生，折れるわけないでしょ！」

と返事がありました。

実際8回折ることは不可能でした。ということは，算数を使って考えるしかありません。**そこに算数のよさ，数学的な見方・考え方のよさが現れる**と考えていました。

「折れないから求められないね」

と言うと，

「いや，大丈夫です。きまりを使って計算すればいいです」

という意見が出されました。そこで，

「今まで見てきたように図や表をよく見て，計算で求める方法を考えてみよう」

と言い，しばらく時間をとってから発表してもらいました。

最初に発表されたのは，次のような考えでした。

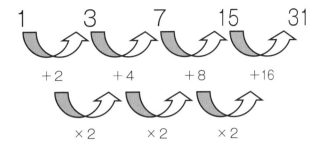

増える数が2倍ずつ増えるので,

1 + 2 + 4 + 8 + 16 + 32 + 64 + 128 = 255

という計算でした。

ちなみに, この増える数は, 図で見てきた長方形の数と等しいので, 長方形の真ん中に折り目が入るという仕組みを生かした計算でした。

次に発表されたのは, 下のような式でした。

5回折ったときの本数……　15×2 + 1 = 31
6回折ったときの本数……　31×2 + 1 = 63
7回折ったときの本数……　63×2 + 1 = 127
8回折ったときの本数……127×2 + 1 = 255

「(前の本数)×2+1=(次の本数)」 という言葉の式ができました。表の数値から帰納的にきまりを発見し, 立式したもので, 他の子どもたちもこの式に感動しました。

もう1つ発表されたのは, 次のような式でした。

2×2×2×2×2×2×2×2 − 1 = 255

この式を見て，みんな「？」が頭に浮かんだようでした。
発表した子どもに説明してもらうと，

　「折り目の本数は，長方形の数より1少ないから…」

　ここまで言ったとき，

　「あー！」

という反応が教室中に響きました。

　「長方形の数は2倍ずつ増えているから，2×2×2×
2×2×2×2×2は，長方形の数を表しています」

　気づいた子どもがこのように説明しました。

折った回数		折り目	長方形
1		1	2
2		3	4
3		7	8
4		15	16

　「そうか。それで，折り目の数は長方形の数より1少な
いから，-1にしているんだ」

「すごい！」

「なんで長方形が2倍になるかわかるよ。だって，折り目は，長方形の真ん中に入るからです。1つの長方形を2つに分けるから2倍になります」

このような子どもたちの気づきは，図があるからでした。

この教材の本質は，長方形の数にあると考えていました。長方形の数に着目すれば，例えば10回折ったときの本数を考えるときには，$2^{10}-1$で求めることができます。

これは，表の縦の関係（対応の関係）を生かした式ということになります。

この授業で，子どもたちは，**表に着目して帰納的な考え方を働かせたり，図に着目して演繹的な考え方を働かせたりすることができました。**

5
いくつかの考えを束ねて
統合的に問題を捉えさせる

　算数の授業で多様な考えが出たときに，**ある観点から見て同じと見たり，考えたりすること，これが統合的な見方・考え方**です。

　一見するとバラバラなものでも，1つに見えたらすっきりします。これは子どもにとっても感動できることだと思います。それは，本質を捉えることになりますし，単純に覚えることが少なくて済むことにもなります。

　1つの授業の中の多様性をまとめてみるだけではありません。今の授業の内容が過去に学習した内容とつながることもあります。

　「あのときに習った考えと同じだよね」といった子どもの捉えを価値づけて，まとめていくことを意図的に行えば，つながりのある知識の体系ができ上がっていきます。

　もちろん，指導者側も今教えている内容が次の学年のどの内容につながるのかといったことを知っておくことが大切です。特に，コンテンツレベルのつながりだけでなく，数学的な見方・考え方レベルで，「この見方は次のどの内容で用いる」ということを知っておき，数学的な見方・考え方の伸長を図ることが重要だと考えています。

では，3年生に行ったかけ算の活用の授業を例に話を進めたいと思います。

次のような問題を出しました。

$$1+2+3+4+5+6+7+8+9$$

これは，計算の工夫を考えさせる問題として，小学校時代にどこかで一度は経験しておきたい問題だと思います。

この問題を子どもたちに考えさせました。

左から順に計算すると45になることを最初に確かめてから，計算の工夫を課題にしました。

しばらく考える時間をとってから発表に移りました。意図的に，下のような図をかいている子どもを指名しました。

この図がかかれたとき，「虹の図だ！」と言う子どもがいたので，それから「虹の図」と呼ぶことにしました。そして，次のように発問しました。

「この図の意味をお話しできる人はいますか？」

できるだけ多くの子どもに表現させるために，役割分担をするように心がけます。

次に指名した子どもは，この考えをノートに書いていなかった子どもでした。2つの数をつなぐことで9のかたま

りが4つできます。最後に残っている9を合わせて、9が合計5個になったので、9×5＝45になるということをお話ししてくれました。

友だちの考えを解釈することで、多面的な理解が進むと同時に、参加意識がぐっと高まります。

次の発表に移る前に次のように言いました。

「この考えと同じように考えている人いますか？」

この問いかけをしたのは、ノートを見て回ったときに、同じような図をかいている子どもが他にもいたからです。

次の子どもは、下のように数と数をつないでいきました。

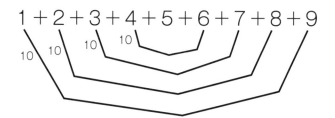

先ほどと同じように、言葉による説明や式による表現は、他の子どもに任せることにしました。

式は10×4＋5＝45、次のように説明されました。

「このように、2つの数を組み合わせると10が4つできます。そして5が1つあまるので、40＋5＝45です」

これを聞いて、他の子どもたちが、

「これもいいねぇ」「10ずつできりがいい」

といった言葉を発していました。

さらに、次のような考えが式で発表されました。

「9 × 8 = 72　72 ÷ 2 = 36　36 + 9 = 45」

この式を見て,問い返しました。

「この式の意味がわかる人はいるかな？」

すると,数人が手をあげたので指名しました。その子どもは,先に出ていた虹の図を使って話し始めました。

「1 + 8はこの線のことで,この9が4つ分あって…,あれっ？」

「なぜ○○さんは『あれっ？』と言ったのかな？」
とその子どもの表現の様子を解釈させました。

「式には『×8』って書いてあるけど,図には9が5つしかなかったからだと思います」

みんなでその子どもの今の気持ちを理解しました。

そのうえで,

「どうして×8なのかな？」
を課題にして考えてもらいました。

しばらくして,「わかった！」と言う子どもが出始め,次のように説明しました。

「1と8,2と7,3と6,4と5のペアで終わらないで,5と4,6と3,7と2,8と1とペアをつくれば,9が8個になります」

こう言って,黒板に下のように数を書き足しました。

そして、ペアごとに○をしていきました。こうすれば、確かに9×8に見えます。

「では、なぜ÷2をするのかな？」

次はこう発問しました。これに対しては、

「だって、1＋2＋3＋4＋5＋6＋7＋8の答えを求めているから、半分にしないとダメです」

と説明されました。

このとき、図をかいて理解させるところまではいきませんでしたが、子どもたちは、友だちの丁寧な説明にしっかり耳を傾けて聞いていました。

＋9については、残っている9ということでわかったので、これで「9×8＝72　72÷2＝36　36＋9＝45」の式の意味が理解できました。

ちなみにこれは「ガウスの計算」と言われる方法です。発表した子どももこの計算方法を知りませんでした。同じ数のペアをつくることに専念した結果できた考えでした。

ここで、次のような発問をしました。

「これまで出てきた考えは、どういう部分で同じと言えるかな？」

すると、次のような意見が出てきました。

「ペアをつくって同じ数をつくるところが同じです」

多くの子どもたちがこのように言いました。

さらに次のように問いました。

「どうしてペアをつくりたかったのかな？」

「同じ数ができると，かけ算が使えるからです」

こうして，いくつかの考えを統合的に見ることができました。このような捉えは子どもの理解を促します。**多様性は，すぐに理解できない子どもには負担ですが，多様なものを1つに束ねる言葉があれば，理解がしやすくなる**のです。これは，子どもの感想の記述にも表れていました。

さて，次に問題を発展させました。

$$10＋20＋30＋40＋50＋60＋70＋80＋90$$

発展の方向はいろいろあります。例えば1～9の数範囲を発展させて，1～20までの整数の和とする手もあります。しかし，今回はそれぞれの数の桁数を増やしてみました。

子どもたちには，次のように言いました。

「これは大変そうだね。また新しく考え直さないといけないのかな？」

すると，子どもたちはすぐに次のように言いました。

「えーっ，さっきの問題みたいに考えれば大丈夫」

「どういうこと？」

「『虹の図』を使えばいいし…」

ここまで対話して，自力解決に入ってもらいました。十分見通しがもてたと思ったからです。

ほとんどの子どもが，次のように考えていました。

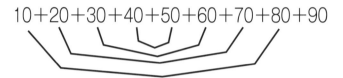

2つの数のペアをつくり，90×5＝450。この考えの意味はみんなよく理解したので，次のような対話をしました。

「この考えはどこからきたの？」

「最初の問題のこの考えと同じように考えました」

もちろん，次の考えも登場しました。

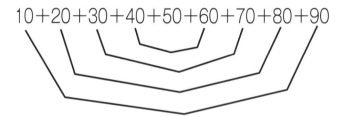

式は100×4＋50＝450。これも子どもたちにとって，とてもわかりやすい考えでした。ペアをつくるのはかけ算をつくるためであること，そして最初の問題と同じ考えであることを強調することで，安心感が生まれました。

ここで，次のように言う子どもが現れました。

「さっきの問題の答えを使ったよ」

最初この言葉を聞いて，「何のことかな」と思いました。

この時点で授業時間がもうあと5分ほどになっていたので，その子どもにすぐに発表してもらいました。

「45×10＝450」

たったこれだけの式でした。答えは合っています。しかし，どうしてこの式になったのか，みんなわかりません。

「まず，45の意味はみんなわかる？」

と尋ねると，これはみんなが1～9の合計ということでよくわかっていました。問題はなぜ×10をしたかです。

発表した本人は，次のように説明しました。

「10は1の10倍で，20は2の10倍で，みんな10倍になってるから，45の10倍だと思います」

子どもの精一杯の表現でした。しかし，これでは，みんなよくわかりませんでした。そのときある子どもが，

「こうやってかけばわかるんじゃない？」

と言って，下の図をかき始めました。

$$10+20+30+40+50+60+70+80+90$$

$$1+2+3+4+5+6+7+8+9$$
$$1+2+3+4+5+6+7+8+9$$
$$1+2+3+4+5+6+7+8+9$$
$$1+2+3+4+5+6+7+8+9$$
$$1+2+3+4+5+6+7+8+9$$
$$1+2+3+4+5+6+7+8+9$$
$$1+2+3+4+5+6+7+8+9$$
$$1+2+3+4+5+6+7+8+9$$
$$1+2+3+4+5+6+7+8+9$$
$$1+2+3+4+5+6+7+8+9$$

終わった板書を見て，

「そうかぁー」

「わかりやすい！」

といった声があがりました。確かに，これを見ると，１＋２＋３＋４＋５＋６＋７＋８＋９が10個分です。

おもしろかったのは，次の反応です。

「だったら，11＋22＋33＋44＋55＋66＋77＋88＋99でもできるよ。45×11でしょ」

「なるほど，すごいね。45×12や45×13の問題もできそうだね」

最初の考えを，発展した問題に活用することによって，異なる問題と思っていたものを，「同じ考えで解ける問題」と捉えることができました。厳密には同じ等差数列ということになりますが，その条件を理解させるのは３年生には難しいので，詳しくは取り上げていません。

統合的な見方・考え方を働かせて，多様な考えや多様な問題を同じに捉えさせることは，子どもにとって思考を整理することにつながります。

子どもの思考を働かせ，理解を深めるために，統合的な見方・考えは，我々現場教師にとって強力な味方であると思います。

第 **4** 章

聖心女子学院初等科
松瀬　仁

高学年

統合，発展を繰り返し，
より洗練された見方・考え方に高める

1	働かせた数学的な見方・考え方を明確にする	116
2	既習事項から類推して考える	122
3	既習事項を振り返り，統合していく	126
4	多様な考えを振り返り，統合していく	132
5	整理してみる	138
6	事例を当てはめて考える	144
7	置き換えて考える	148

1

働かせた数学的な見方・考え方を
明確にする

　これまでにも述べてきたように，数学的な見方・考え方は，子どもの生活経験やこれまでの学習から培われてきたもので形成され，その数学的な見方・考え方をどのように働かせるとよいかということを低学年・中学年で経験してきています。

　しかし，実際に授業を行うと，高学年では生活経験や既習の理解などの差が大きくなったり，解決に必要な数学的な見方・考え方の引き出し方に差ができたりして，すぐに解決に向かって取り組める子どもと，どこから手をつけてよいかわからず止まってしまう子どもが出てきます。

　どの子も数学的な見方・考え方を働かせることができるようにするためには，授業の中でどこに目をつけて考えていったかという着眼点である「数学的な見方」や，どのような考え方を使うとよさそうかという「数学的な考え方」を**教師が意識して子どもから引き出し，言語化させることによって明確にしていくことが必要**です。

　ここでは，6年生の授業開きで扱った内容を基に，子どもたちがどのような数学的な見方・考え方を授業の中で働かせていったかに焦点を当てて見ていきます。

　まず，十字に並んだ□を見せ，ここに1〜9までの数字

を１つずつ入れて，縦と横の和が等しくなる入れ方を考えようという課題を提示しました。

```
□に１〜９までの数字を
１つずつ入れて縦と横の和
が等しくなるようにしよう。
```

最初，子どもたちは「すぐにはわからない」「難しそう」という反応でした。ここではまだ，どこに目をつけ，どのように考えればよいかという数学的な見方・考え方が働いていない状態です。

そこで，少し個人で考える時間をとりました。子どもたちは試行錯誤しながら数字の入れ方を考えていきますが，この試行錯誤の中で，着眼点を見つけ数学的な見方・考え方を働かせ，解決へと動き出す子どもが出てきます。

一方で，机間巡視をしていると，どこに目をつけてよいかわからず，止まったままの子どもも出てくるので，

「何か困っている友だちにヒントはあるかな？」

と投げかけました。

まだ，着眼点をもてておらず，思考を進めることができていない子どもが，友だちの着眼点を基に動き出すきっかけとなる数学的な見方・考え方に気づけるようにするための発問です。

「ペアをつくればいい」

すでに答えを見つけた子どもから，自分の考え方に関するヒントが出てきました。

できた子が増えてきたところで一度手を止め，答えを板書させると，縦も横も和が25で等しくなっています。

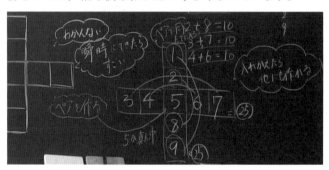

「どうしてこの考えが思いついたの？」

子どもがどのような見方・考え方をしたのかを引き出す発問をすると，

「1と9，2と8のように10のペアをつくって残った5を真ん中にした」

という**10のペアをつくるという考え方**を説明しました。

10のペアをつくればよいという考え方がわかったことで，「だったらもっとつくれる」と言って，縦と横でそれぞれ5以外の数字を動かした入れ方を見つけていくことができました。

ここでは，5を真ん中にして10のペアをつくるというペアの考え方を働かせることで他の入れ方を見つけることができたのです。

また，「別の入れ方でできた」と
いう子も出てきます。入れ方を紹介
させると，今度は縦も横も和が23で
等しくなっています。どうやって考
えたのかを問うと，

```
        9
        8
7  4  1  6  5
        3
        2
```

「真ん中を1にして，残りを適当に入れ，縦と横の和を
計算しながら数字を入れ替えて調整していくとできた」
ということでした。

　この子どもの場合は，明確な見方・考え方が見えていた
わけではなく，真ん中を固定して残りの数字を入れ替えな
がら縦と横の和を調整していくという考え方のもと，**試行
錯誤をしながら答えを見つけ出した**のです。

　まわりの子どもも真ん中が5でなくてもできることに感
動し，「さっきのペアの考え方と違う」「すごい」といった
声があがりました。

　そこで，「今度は，真ん中の数が5以外になる答えを見
つけよう」という新しい課題が設定されました。**真ん中の
数に注目して問題を考えようという着眼点，数学的な見方
が意識された場面**です。

　また，まわりの数字の入れ方についても**「大きい数と小
さい数をペアにして入れたらできそう」というより洗練さ
れた考え方**につながる意見も出てきました。

　「真ん中が9でもできた」
という意見が出てきたので，どのように入れたかを説明さ

せます。

「真ん中を9にして残りの数で考えると1と8, 2と7のように9のペアをつくって入れていったら, 和が27になるものができた」
ということです。

これまでは, ペアというと10のペアしか見えていなかったが, 9のペアでも同じように考えられることを見つけたのです。

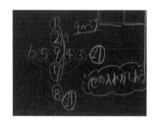

そこで, 先に見つけた和が23になるやり方を振り返ってみます。ペアの考え方とは違う方法で見つけたものでしたが, 改めてペアの考え方で振

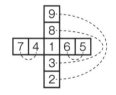

11のペアになる

り返ることで, 2と9, 3と8のように11のペアになっていることを見つけることができました。

最初は, 10のペアをつくるという考え方をしていたので, 別なものとして見ていたものが, **9や11など数を広げて, ペアをつくるという考え方に拡張することで, 真ん中の数が1の場合も9の場合も同じペアの考え方が使えるとして統合して見ること**ができたのです。

このように，授業の中で子どもの考えを取り上げる際に，みんなが動き出せるようなヒントを聞いたり，どうしてそう考えたのかといった問題の着眼点を発問したりすることによって，子どもが働かせている数学的な見方・考え方を引き出していくことができます。

　これらの数学的な見方・考え方を授業の中で明らかにしていくことで，子どもたちは見方・考え方を統合したり，発展させたりして，より洗練された見方・考え方へと高めることにもつながっていきます。

　授業として扱えたのはここまでですが，この教材については，3を真ん中に固定した場合，7を真ん中に固定した場合でも次のようにつくることができます。

　この場合は，2つのペアの考えは使えません。

　本時で出てきた2つのペアの和の考えを発展させて，真ん中を除いた縦と横それぞれ4つの数の和で考えていくことが必要になります。

　シンプルですが，子どもがどこに目をつけるかといった数学的な見方や，どうやって考えていくかといった数学的な考え方，またその変容を見ていくにはとてもおもしろい教材です。

2

既習事項から類推して考える

　算数は，系統性の強い教科で，既習の内容や考え方と結びつけて考えることで，新しい内容を創造しながら考えていくことができます。

　5年生の体積の学習で，次の課題を扱いました。

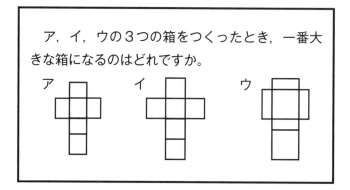

　ア，イ，ウの3つの箱をつくったとき，一番大きな箱になるのはどれですか。

　課題を提示すると，子どもから「長さを知りたい」という声があがります。そこで，それぞれの図形で子どもが知りたい辺の長さを教え，アとウが直方体，イが立方体になることを全体で確認してから子どもに予想を聞きました。

　「アは明らかに小さいからない」

　「辺の長さをたしたら，ウが大きくなる」

　「全部の面積をたしたら，イが大きくなる」

　子どもたちは，既習の長さや面積を基に大きさを予想しようとします。これも，既習を使って問題を捉えようとす

る数学的な見方ですが，これではどれが大きいか決まりません。そこで，**「箱の大きさを比べるにはどうしたらよいか」**という問いが生まれるのです。

　子どもたちに図をかいたプリントを配ると，実際につくりたいという意見が出てくるので，どうしてつくりたいのかを問うと，

　「箱をつくって同じものを敷き詰めて比べたらいい」
という意見が出てきました。

　4年生の面積の学習で，$1\,\mathrm{cm}^2$の正方形がいくつあるかで表すということを経験しているので，**体積でも同じようにできると類推して考えた**のです。

　そこで，どんなものを敷き詰めるとよいかを問うと「立体なので1辺が1cmの立方体があるとよい」という意見が多く出ました。

　5年生の体積では，大きさを表す単位として新しくcm^3を用いることを学習します。子どもが新しく知識として学習する定義などは，一部の先行知識がある子どもだけで学習が進まないよう，きちんと教師側から教えるべきです。

　しかし，体積の学習の際には，4年の面積の学習を振り返ることで，**「何か基準となる単位が必要である」**という考えや，**「1辺が1cmの立方体を単位とすればよいのではないか」**という考えを，類推して創造していくことができます。

もう1つ事例を紹介します。6年生の円の面積の単元の中で次のような問題を扱います。

葉っぱの形をした部分の面積を求めよう。

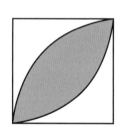

まず、問題を伝えず、図だけを子どもに見せて自由に気づいたことを発言させます。その後、子どもたちの発言から「葉っぱの形」と命名し、葉っぱの形の面積を求めることを伝えます。

課題を出した後、すぐに自力解決に入ることもできますが、どこに着眼点を置いてよいかわからず困っている子どもがいたため、

「これまでに似たようなことをしたことがない？」

と、既習の振り返りを促す発問をしました。

「5年生のときにまわりの長さを求めたことがある」

まず、子どもから出てきたのは、5年生のときに学習した円周の活用問題でした。

そこで、長さだったらどうやって求めるとよかったかを簡単に振り返ります。

「円周の$\frac{1}{4}$を求めれば、その2倍で出せる」

という意見が出ました。

次に出てきた振り返りは，

「**4年生のときに，面積の公式で出せない形のものも長方形や正方形をたしたり，ひいたりして求めた**」

というものでした。

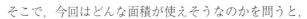

そこで，今回はどんな面積が使えそうなのかを問うと，

「**円の$\frac{1}{4}$のおうぎ形の面積が使えそう**」

「$\frac{1}{4}$のおうぎ形を使って考えよう」「4年生の複合図形のように，足したり引いたりして考えよう」といった問題の着眼点を全体で共有することで，最初は困っていた子どもも動き出すことができました。

このように，高学年では，既習を振り返り，既習を基に考えていくことで，どこに目をつけたらよいかという数学的な見方や，どんな考え方が使えそうかといった数学的な考え方が見えてくることが少なくありません。

また，子どもが動き出せないときには，本時につながる既習の振り返りを促したり，動き出している子どもがどんな既習を使って考えているのかを引き出したりして，困ったときには既習事項に戻りながら，同じようにできないかと類推して考えられる子どもにしていくことが大切です。

3

既習事項を振り返り，
統合していく

　第2項では，既習事項から類推して考える数学的な見方・考え方について述べましたが，既習事項やその日の学習を振り返ることで，これまで別のものとして意識していたものを同じものとして見る（統合する）ことができるようにしていく数学的な見方・考え方も大切です。

　まず，授業の中で既習事項を振り返る場面を設定して，これまで別々のものとして見ていたものを同じものと統合して見ていく見方・考え方を紹介します。

　5年生の小数×小数の筆算を考える場面です。下のように問題を出して，筆算の仕方を考える授業を行いました。

2.14×3.8を計算しよう。

　まず，計算の仕方を考えさせると，子どもから2通りの方法が出されました。

　「3.8を10倍して38にして，その分2.14を÷10して0.214にして0.214×38を計算したらいい」

　「2.14を100倍して214にして，3.8を10倍して38にして，214×38の答えを÷1000をしたらいい」

それぞれ，どうしてそう計算しようと思ったのか問うと，

「**小数×整数は，4年生のときに学習しているから，かける数を整数にしようとした**」

「**前の時間に小数×小数を計算したときは，どちらも整数に直して計算したから**」

という答えが返ってきました。

前時までの学習で，かける数を整数にすると計算できることは学習しているので，方法は異なるがどちらもかける数を整数にするという点では共通していることを確認し，

「0.214×38や214×38は暗算でできるかな？」

と投げかけました。

「筆算が必要」

という答えが返ってきたので，それぞれ筆算をして答えが同じになるか確かめることにしました。

どちらも答えが同じ8.132になることがわかったところで，子どもから，

「**そのままで筆算がしたい**」

という意見が出てきました。

わざわざ×整数に直してから筆算をしなくても，小数のままで筆算ができないか，ということです。

子どもから小数同士の筆算の話題が出たところで，

　「では，どのようにしたらよさそうかな？」

と投げかけます。

「同じようにやったらいい」

「どっちの筆算も右詰めで書いてる」

　先ほどの，小数×整数や整数×整数の筆算の共通点を見つけ，同じように右にそろえて筆算をすればよいのではないかということに目をつけたのです。

　「おもしろいところに気がついたね」

と既習を基に新しいことを考えようとする数学的な見方・考え方を働かせていることを価値づけました。

　ただ，ここで問題が出てきます。

「答えの小数点はどうしたらいいのかな…？」

　4年生で，小数のたし算・ひき算の筆算を学習しているときは，位をそろえて，答えの小数点についてはそのまま下に下ろしています。

　小数×整数の筆算についても，答えの小数点は，かけられる数の真下に来ているので，小数のかけ算も小数点を真下に下ろせばいいと覚えてしまっている子どもが多くいます。実際，この場面までは，そう覚えていても問題意識は出てきません。

　そこで，

「小数点が，それぞれについているときはどうするか？」

を問いに設定して，展開していきます。

答えが8.132になることはすでにわかっているので，どのように筆算を考えていくとよいのかを，ペアで説明し合います。

「どちらも整数に直して計算したときのことを考えると，2.14は小数点を2個，3.8は小数点を1個ずらしていることになるから，答えは合計の3個分戻したらいい」

このように，小数点の移動に着目する意見が出ました。このことで，先ほどの整数×整数に直して計算した筆算を基に，「100倍，10倍して整数にしたときに，小数点を何桁ずらしたか」に着目して考えていけばよいということで，まとめていくことができました。

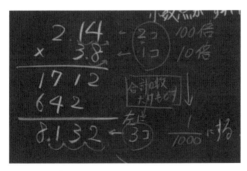

小数×小数の筆算の仕方について解決することができましたが，ここで終わりにせずに，もう一度既習の小数×整数について振り返る機会をもちます。

「今回見つけた小数×小数の筆算の仕方は，他の場面でも使えるのかな？」

このように，振り返りを促す発問を行います。

「小数×整数の場合も，かける数の小数点を0個動かしていると考えれば同じようにできる」

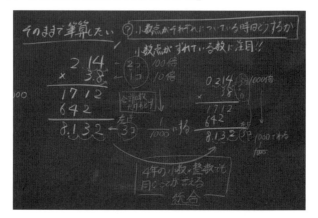

小数×小数の筆算で学習したことを，既習の小数×整数でも使えるか振り返ることで，小数×整数は小数×小数の特殊な場合と統合して捉え直すことができました。

これにより，小数点を何桁ずらしたかの和で積の小数点を決めるというやり方は，小数のかけ算全体に使える考え方であると，**より一般化されたまとめにする**ことができました。

このように，新しく学習したことが既習事項でも適用できないか振り返り，既習事項を捉え直しながら統合していく見方・考え方を働かせられるようにしました。

こうすることで，より一般化されたまとめを考えること
ができ，**単元ごとに分断された知識・技能ではなく，系統
のつながりを意識した，生きて働く知識・技能の習得**へと
つながっていくと考えます。

4
多様な考えを振り返り，統合していく

 ここでは，主に授業の中盤から終末において，その日に出てきた多様な考えを振り返り，そこから共通点を見いだしながら統合して見ていく見方・考え方を紹介します。

 5年生の直方体の体積の単元の中で，直方体を組み合わせた複合立体の体積の求め方を考える学習を行います。

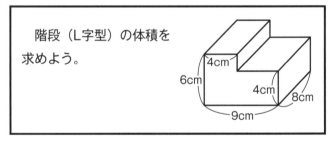

階段（L字型）の体積を求めよう。

 図形を見せ，体積を求められそうか子どもに聞くと，

「4年生の面積のときにも似たようなことをやったから，できる」

という声が返ってきました。

 4年生の複合図形の面積の学習を思い出し，同じ考え方が使えそうという問題の着眼点をもつことができているのです。

 そこで，自力解決の時間をとり，それぞれの求め方で体積を考えることとしました。

自力解決の後,それぞれどのように考えたか,まずは,図で表させます。4通りのやり方が紹介されました。

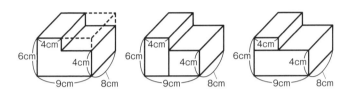

最初に紹介された上の3つは,図を見た後,どうやって考えたのか,どんな式になるかをスムーズに考えていくことができました。

「欠けている部分に直方体をつけ足して大きな1つの直方体にし,たした分をひいて求める」(左)

「2つの直方体に分けて,それぞれの体積をたして求める」(中,右)

次に,4つめのやり方として出てきたのが,下の図です。

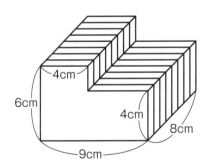

「線がいっぱい引いてあって,よくわからない…」

線が細かくて,何を表しているのかよくわからないとい

う意見が出たので,この図を発表した子どもに,どのような式になるかも発表してもらい,その求め方の説明を考える展開としました。

子どもから下の式が紹介されました。

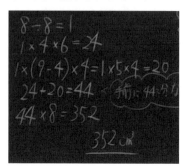

図とこの式を基に,

「これはどうやって考えたかわかるかな？」

と投げかけ,子どもたち同士で相談したり,説明したりし合う時間を設けました。

「24 + 20 = 44で,手前に1 cm^{3}がいくつ並ぶかを考えていて,それに縦の長さの8をかけて体積を求めている」

図と式と両方を見比べながら考えることで,この子どもがどうやって体積を求めていったのかを理解することができました。

ここで,このアイデアを出した子どもに,どうしてこのやり方を考えたのかを問います。やり方を理解して終わりではなく,**このアイデアを出した子どもがどのような数学的な見方を働かせたかを共有し,使えるようにしていくた**

めです。

　「最初に，直方体の体積の求め方を考えたときに，1cm³のブロックがいくつあるかを考えていたので，今回も手前の数がわかればその8個分で出せると思った」
という答えが返ってきました。

　これは，角柱の体積の求め方にもつながる考え方であるため，一見すると先行学習で知っている子どもが考えたように見えます。

　しかし，この子は，**はじめて直方体の体積の求め方を考えたときの経験，すなわち，1cm³のブロックがいくつあるか調べるときに，「縦×横×高さ」の順でなくても，横×高さに縦をかけても同じようにブロックの数（体積）を求められたことに帰着して，この考え方を見いだしていた**のです。

　そこで，
　「これらの考え方に共通することはあるかな？」
と振り返りを促す発問をしました。
　すると，
　「3つめまでは，分けたり，つけたしたりして，直方体を基にして求めている」
という意見が出てきました。
　「4つめの考え方はどうかな？」
　3つめまでは，直方体を利用しているという意見がすぐ

に出てきたので，4つめについてはこちらから投げかけて
みます。

「4つめは直方体が出てきていない」

「でも，考え方は，直方体の体積の求め方を使っている」

直方体に形を変えているわけではないですが，「どうし
てそう考えたか」という着眼点は，直方体の体積の求め方
が基になっていることを聞いて，4つのやり方とも，直方
体を基にして体積を求めているという点では同じと言える
（統合できる）という見方ができるようになりました。

「だったら，他にも直方体を使った求め方ができる」

「直方体を基にすればよい」という共通点を見つけられ
たことで，「だったら他にもできる」と発展させた考え方
が出てきました。

「分ける考え方と似ているけど，上の出っ張っている直
方体を右下に移動させると，1つの直方体にして求められ
る」

「上にもう1つ逆さまに重ねたら，大きな直方体になり
そう」

実際に計算してみると，今回の立体では，2つ重ねる方
法は真ん中に穴が空く形になるので，その分をひいて考え
ると，この方法でも体積を求められることがわかりました。

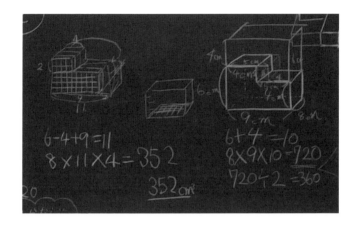

　このように，多様な考え方が出てくる場面では，それぞれのやり方を確認して終わりでなく，**一度全体を振り返り，**
「共通していることはないか」
「同じと見ることはできないか」
と，統合的な見方・考え方を働かせていくことが重要です。
　統合してみることができると，その問題で大切な考え方に焦点が当たり，そこから，
　「だったらこの方法もできないか」
と，発展的な見方・考え方にもつながっていくきっかけとなります。

5

整理してみる

　この項からは，問題解決の方法として子どもたちに身に
つけさせたい数学的な見方・考え方を示していきます。

　低学年や中学年でも繰り返し使ってきている見方・考え
方なので，すでに身についている子どもと，まだどのよう
に働かせたらよいか困っている子どもがいると考えられま
す。本章第1項でも述べたように，数学的な見方・考え方
を明確にし，価値づけることで，それぞれが使えるように
していきたいところです。

　はじめに紹介するのは，整理してみる数学的な見方・考
え方です。

　子どもたちは，低学年から，並べて見やすくしたり，考
えやすくしたりする経験を積んできています。**高学年では，
問題がより複雑化するので，低学年からの数学的な見方・
考え方を成長させ，整理して考えようとする見方・考え方
を意識させていくことが重要**です。

1. 目的に応じて整理し直す

　6年生の資料の調べ方の単元で，ちらばりに着目させる
場面において，次のような問題を扱いました。

> 15秒あてゲームをしよう。

　ストップウォッチを渡し，時計を見ずに15秒と思うタイミングで止めて，窓側と廊下側のどちらのチームが近いかを競うゲームです。

　2人1組をつくってお互いに計測し，小さく切った画用紙に記録を記入して黒板に貼らせていきます。

　「私が一番15秒に近い！」

　最初に，子どもたちが貼った記録を見ながら，一番近い記録，遠い記録など，子どもの言葉に耳を傾けます。

　「では，チームとしてはどちらが近いですか？」

15.3	15.7
16.4	14.9
15.1	15.8
14.6	15.6
15.8	15.5

窓側

15.3	18.6
16.7	16.4
15.8	14.3
15.6	14.2
16.9	

廊下側

「人数が違うから，平均で比べたらいい」

　子どもたちは，いろいろな場面で平均を使っているので，まずは平均で比べたいという意見が出てきます。

　実際に平均を計算すると，窓側の方が15.47秒で15秒に近くなりました。

　「窓側の勝ちだ！」

ここで，平均ではおかしいという言葉を期待したかったのですが，子どもからは出てこなかったので，こちらから極端な例を提示してみました。

「先生たちでやったら，1人が1秒で止めて，もう1人が29秒で止めたのだけど，みんなとどっちが近い？」

「それは私たちの方が近い！」

「でも先生の方は平均すると15秒ぴったりになるよ」

　このように，平均では15秒から極端に少ない場合と極端に多い場合があっても，15に近い数になることがあるので，**別の見方が必要であることに気がつきました。**

「15秒からどれだけ離れているか考えないと」

　子どもから散らばりにつながる見方・考え方が出たところで，数直線を使って表せないかを問いました。

「並べ替えたら表せる」

　代表の子どもに前に出てきてもらい，先ほどの記録の紙を数直線上に並べ直します。

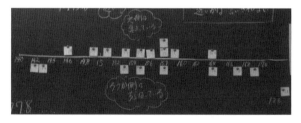

「窓側の方は記録が集まっていて，廊下側は散らばってる」

目的に応じて，数直線上に並べ直したことで，平均だけでは見えない，資料の特徴に目を向けることができました。

2. 横軸と縦軸の2次元の観点から整理する

6年生の量の単位の仕組みでは，これまで学習してきた単位を基に，メートル法についてまとめていきます。

これまでにどんな単位を学習してきたかな？

上のように課題を設定し，既習の単位を自由に出させます。その際，子どもから出てきた単位を画用紙に記録し，黒板に貼っていきます。

「仲間分けできるよ」

黒板にあえてランダムに単位を記録した紙を貼っていくことで，どの単位がまだ出ていないのかがわかりにくくなり，仲間分けして整理したいという意見が出てきます。

「長さ系，面積系，体積系，量系，重さ系に分けられる」

最初は，それぞれの項目ごとに縦に並ぶように並べ替えていきます。

すると，

「大きさでも並べ替えた方がいい」

という意見が出て，横軸に項目，縦軸に大小という形で2次元の観点から単位を見て整理していくことができました。

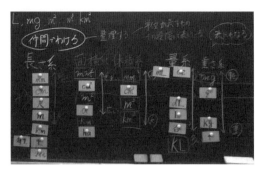

「表のようにできる」

縦に大小で整理したことで、それをもっとわかりやすく表のように並べることができる、という意見も出てきました。どのような表になりそうか、全体に投げかけ、次の時間に表にして整理させることにしました。

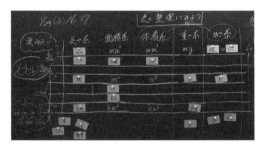

前時までは、それぞれ縦に詰めて並べていた紙を、間を空けながら貼っていきます。

どうして間を空けて貼ったのか理由を聞くと、

「単位の大きさによってそろえている」

「kmはmの1000倍だから、その分間を空けた」

と**単位の仕組みに目を向けて整理したことに着目**していました。

既習の単位を「種類」「大きさ」という2つの観点から整理し直すことで、自然とメートル法の仕組みに目を向けていくことができました。

3. 観点，基準を決めて整理する

第1章の第3項の中で、6年生の場合の数の事例とあわせて紹介していますが、自分で観点や基準を決めて整理しようとすることも、大切な数学的な見方・考え方です。

5年生の角柱の単元で、次のような問題を扱いました。

> 正三角柱の展開図は全部で何種類あるかな。

4年生で、立方体の展開図について学習しますが、より空間図形のイメージを豊かにするため、5年生では、正三角柱を題材にその展開図の種類を考えることとしました。

実際につくりながら考えていきますが、次第に子どもたちは整理して考えようとします。

「長方形が3つ横に並んでいて，三角形の場所がずれている」

「1つの展開図を基に，長方形がどこに移動できるか考える」

観点を決め、整理しながら考えることで、効率よく落ち

や重なりに気をつけて調べることができました。

6
事例を当てはめて考える

　問題解決の場面で，解決や説明のすべての見通しが立っていなくても，自分の気づいたところから動き出すということは大切です。実際に取り組みながら試行錯誤することで，その先の考え方が整理されていくこともあります。

　ここでは，実際にやってみることで，考え方や説明の仕方を探っていく事例を紹介します。

1.　「もしも○○だったら」と仮定して考える

　6年生の円の面積の学習で次のような問題を扱いました。

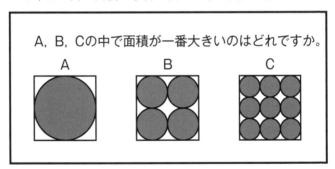

　正方形の大きさはどれも同じであるという条件を伝え，問題を提示します。

　「長さを教えてほしい」

　子どもからは，面積を計算するために長さを知りたいと

いう意見が出ます。

「長さがないと一番大きいのはわからないかな？」

と問い返すと，

「じゃあ，自分で決めよう」

と自分たちで仮定して考えようという意見が出てきました。

子どもたちは，なるべく計算が簡単になるようにしようとして，正方形の1辺を12cmと仮定して，どの場合も面積が変わらないことを見つけることができました。

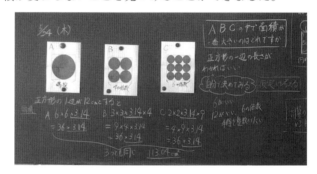

2. 事例を集めることで帰納的に考える

きまりを見つける場面では，いくつかの事例を集め，そこから共通することに目を向けていく見方・考え方を働かせます。

第1章でも触れていますが，三角形の内角の和を考える場面などもそうです。

いろいろな形の三角形をかいて，どの場合も内角の和が180°になることを確かめます。そこから，三角形の内角の

和はどんな場合も180°になるのではないかと考えていきます。

同じく5年生の小数のかけ算の単元で，計算の工夫が小数でも使えるのかを考える場面でも，

「いろいろな小数を入れて確かめてみるとよい」

という考えが紹介されました。

実際にいろいろな小数を入れて計算することで，小数でも計算の工夫が使えそうだという見通しが立つので，そこから面積や直方体を利用して，小数でも必ず使えるということを説明する展開としました。

3. 事例を関数的に考える

いろいろな事例からきまりを見つけたり，説明したりしようとするときには，共通するきまりを見つけるだけでなく，**変化に目を向けて関数的に見て考えていくこともあり**ます。

5年生の小数のわり算で，わる数が1より小さくなる場面です。

240÷0.8＝300を計算した後,

「わり算をしているのに,わられる数より商が大きくなってもよいのか」

という問いが出てきました。

「かけ算のときも,かける数が1より小さいときは,積がかけられる数より小さくなったから,わり算でもなりそう」

という,かけ算を基に類推して考える意見とともに,次のような考えが紹介されました。

「240÷3＝80,240÷2＝120…とわる数を小さくしていくと,商は大きくなっていくので,わる数が1より小さいときには,240より大きくなる」

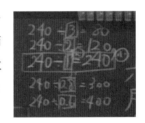

わる数を徐々に変化させて,関数的に見ていくことで,かけ算と同じように**1を境に変わる**ということを考えることができました。

7

置き換えて考える

5，6年生で小数や分数のわり算を学習すると，これまでのように「大きい数から小さい数をわる」というような考え方は使えなくなります。

また，同じ場面でも整数だと考えられるのに，小数や分数になると混乱してしまうという子どもも少なくありません。

そこで，問題を「置き換えて考える」ことが有効になります。数値を簡単な数に置き換えて考えたり，場面を図に置き換えて整理して考えたりするのです。

1. 簡単な数に置き換える

5年生や6年生で小数や分数のかけ算やわり算の立式を考える場面では，**一度数値を整数に置き換えて考えるとイメージしやすくなります。**

5年生の小数のかけ算の場面で，次のような問題を提示しました。

紙テープを買います。

代金を求める式を考えよう。

148

最初は，紙テープだけを見せます。

「これだけではわからない」

条件不足の問題のため，子どもからこのような声があがります。

何が知りたいか問い返すと，

「テープの長さと1mの代金」

と必要となる条件が子どもからあがります。

そこで，

「長さはこの長さで，1mあたりの代金は80円です」

と，子どもが知りたいと言った情報を伝えます。

「2mくらいかな…」

最初に長さを与えないことで，子どもは見た目からおよその長さを口にします。そこで，

「もし2mだったら，代金はいくらになるの？」

と投げかけます。

こうすることで，1つの事例を使って，簡単な整数のかけ算の場面から小数のかけ算の場面へと，自然に考えていくことができます。

その後，子どもたちと実際に長さを調べ，紙テープの長さが2.3mであることを押さえます。

「2.3mの代金を求める式は、どうなるのかな？」
と問うと、整数のときと同じように考えて、80×2.3という式が出てきます。

ここで、「**かける数が小数になってもよいのだろうか？**」
という問いが生まれ、80×2.3の意味について考えていきます。

「80円の2.3個分」

最初は、整数と同じようにいくつ分に当てはめようとしますが、それでは意味がよくわからないという声が出てきます。そこで、

「**長さと代金の関係はどうなっているのかな？**」
と、教師から長さと代金の関係性に目を向けるヒントを投げかけます。

「長さと代金は比例する」

「長さが2.3倍だから80円も2.3倍と考えたらいい」

2mや3mといった簡単な数から考えていくことで、かけ算の意味を「1つ分の大きさ×いくつ分」から「倍」へと拡張するきっかけをつくることができます。

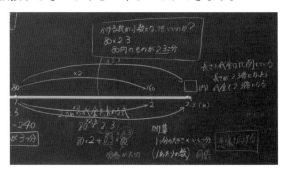

2. 図に置き換える

　自分の考えを整理したり，わかりやすく表現したりする
うえで，図に置き換えることは欠かせません。

　特に，小数や分数の乗除，割合や単位量あたりの大きさ
といった問題は，比例関係を用いて場面を数直線に置き換
えて考えていくことが多くなります。

　数直線を使えるようにするために，5年生の比例の単元
で，次のような問題を扱いました。

　A店では，1mが90円のリボンを売っていますが，
サービスで代金から10円ひいてくれます。
　B店では1mが80円のリボンを売っています。

「どちらの店も同じ」

「リボンは何m買うのですか？」

　最初は，どちらの店で買っても同じという意見が出ます
が，中には，買う長さに目を向ける子どもが出てきます。

　そこで，買う長さを1m，2m，3m，と変えていくと，
それぞれの代金がどうなっていくかを問います。

「表にまとめるとわかりやすい」

　表にまとめていくと，A店は90円ずつ増えているけれど，
比例の関係にはならないことがわかりました。

151

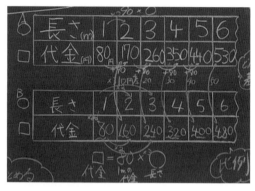

それぞれの関係を数直線でも表していきます。

「比例しないときは,ずれる」

あえて,比例でないときの数直線も扱うことで,**比例関係があるときに数直線に置き換えて考えるとよい**ということを押さえました。

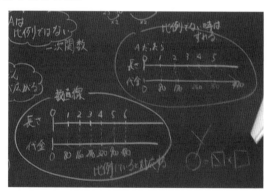

ここで数直線のよさについて押さえることで,小数の乗除の場面では,数直線を基に立式や計算の仕方を考えていくことができるようになります。

> 7.4mのテープを2.4mずつ分けていきます。
> 何人に分けることができますか。

あまりのあるわり算の場面です。

最初は,それまでと同じように数直線に表そうとしますが,子どもから「おかしい」という声が出ます。

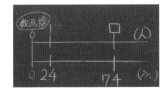

「答えの□の場所が違う」

「あまりが出るからずれるはず」

あまりが出るときは比例関係にはならないので,これまでのように数直線では表すことができないのです。

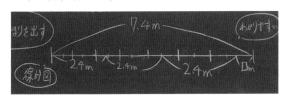

「こうやって考えたらいい」

線分図をノートにかいていた子どもの意見を取り上げ,黒板にかいてもらうと,「そっちの方がわかりやすい」という意見が出ました。

数直線だけでなく,あまりがあるときなど,線分図を用いるとよい場面もあることを見つけることができ,**場面に応じて図を使い分ける必要性**を感じ取らせることができました。

場面を使って具体的に考えたり，説明したりするときには，面積図などに置き換えることでわかりやすくなることもあります。

5年生の分数÷整数の問題です。

> 3dLで$\frac{6}{7}$m²塗れる絵の具があります。この絵の具1dLでは，何m²塗ることができますか。

最初は，数直線を用いて立式を行い，$\frac{6}{7}\div 3$になることを押さえ，「$\frac{6}{7}\div 3$の求め方を考えよう」という問いを考えていきます。

「かけ算と同じように考えられそう」

既習のかけ算から類推して，分子を整数でわったらよいのではないかという考えをもった後，図を使った説明を考えていきます。

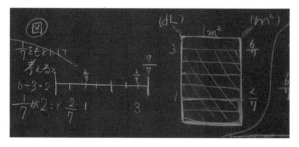

線分図や面積図で表しながら分子が6÷3になる説明を

することができました。

「分子がわりきれないときは、どうするの？」

子どもの問いから次の時間に$\frac{6}{7} \div 4$を扱いました。

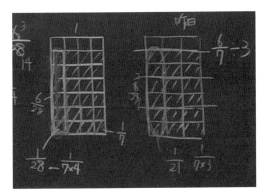

左上の図のように面積図を縦にわけることで、今度は、分母に整数をかける（7×4になる）ことを説明しました。

その後もう一度$\frac{6}{7} \div 3$の場面（右上の図）も振り返り、同様に分母に整数をかけても答えが変わらないことを確認し、**分数÷整数は分母に整数をかける方法で統合できることを、面積図に置き換えて説明することができました。**

【著者紹介】

盛山　隆雄（せいやま　たかお）
筑波大学附属小学校教諭。志の算数教育研究会代表。著書に『子どもがぐんぐんやる気になる！　小学校算数　授業づくりの技事典』（明治図書），『「数学的な考え方」を育てる授業』（東洋館出版社）他多数。

加固　希支男（かこ　きしお）
東京学芸大学附属小金井小学校教諭。志の算数教育研究会所属。著書に『なぜ算数の授業で子どもが笑うのか』（東洋館出版社）他。

山本　大貴（やまもと　ひろき）
暁星小学校教諭。志の算数教育研究会所属。著書に『子どもをアクティブにするしかけがわかる！　小学校算数「主体的・対話的で深い学び」30』（明治図書）他。

松瀬　仁（まつせ　ひとし）
聖心女子学院初等科教諭。志の算数教育研究会所属。著書に『すぐに使える！　小学校算数　授業のネタ大事典』（明治図書）他。

数学的な見方・考え方を働かせる算数授業

| 2018年12月初版第1刷刊 ©著　者 | 盛　　山　　隆　　雄 |
| 2025年7月初版第6刷刊 | 発行者　藤　原　光　政 |

発行所　明治図書出版株式会社
http://www.meijitosho.co.jp
（企画）矢口郁雄　（校正）大内奈々子
〒114-0023　東京都北区滝野川7-46-1
振替00160-5-151318　電話03(5907)6701
ご注文窓口　電話03(5907)6668

＊検印省略　　　　　組版所　株式会社木元省美堂

本書の無断コピーは，著作権・出版権にふれます。ご注意ください。

Printed in Japan　　　ISBN978-4-18-211121-1
もれなくクーポンがもらえる！読者アンケートはこちらから →

子どもをアクティブにするしかけがわかる！

小学校算数
「主体的・対話的で深い学び」

盛山 隆雄 編著
加固希支男・松瀬 仁・山本大貴
志の算数教育研究会 著

30

算数の授業で「主体的，対話的で深い学び」（アクティブ・ラーニング）を実現するにはどうすればよいのか。「問題提示」「発問」「指名・発表」「板書」「まとめ」など，場面ごとのしかけを明らかにした30の授業実践で，その問いに応えます。

もくじ

第1章
教師のしかけ1つで
子どもはアクティブに学び出す
1 「主体的・対話的で深い学び」実現のために
2 子どもをアクティブにする授業の「しかけ」

第2章
子どもをアクティブにするしかけがわかる！
主体的・対話的で深い学び30
・動物はどこにいる？（1年／なんばんめ）
・何が同じで，何が違うのかな？（2年／かけ算）
・式の意味を図で説明しよう！（3年／円と球）
・当たりくじってどんなくじ？（4年／わり算の筆算）
　　　　　　　　　　…ほか30の授業実践例

136ページ　B5判　2,200円+税　図書番号：2613

明治図書　携帯・スマートフォンからは　**明治図書ONLINEへ**　書籍の検索，注文ができます。▶▶▶
http://www.meijitosho.co.jp　＊併記4桁の図書番号（英数字）でHP，携帯での検索・注文が簡単に行えます。
〒114-0023　東京都北区滝野川7-46-1　ご注文窓口　TEL 03-5907-6668　FAX 050-3156-2790

＊価格は全て本体価格表示です。

『授業づくりの技事典』も大好評！

すぐに使える！小学校国語 授業のネタ大事典

■二瓶 弘行 [編著]
■国語"夢"塾 [著]

物語文、説明文、スピーチ、インタビュー、語彙、作文、日記…等々、幅広いバリエーションで、すぐに使える国語授業のネタを80本集めました。10分でパッとできるネタから1時間じっくりかけるネタまで、目的や場面に応じて活用可能です。

176ページ／A5判／2,160円+税／図書番号：1273

楽しく、力がつく授業をもっと手軽に！

すぐに使える！小学校算数 授業のネタ大事典

大好評発売中！

■盛山 隆雄 [編著]
■志算研 [著]

10づくり言葉遊び、数とりゲーム、九九パズル、虫食い算、対角線クイズ、16段目の秘密…等々、幅広いバリエーションで、すぐに使える算数授業のネタを80本集めました。子どもがどんどん授業にのめりこむこと間違いなし！

176ページ／A5判／2,160円+税／図書番号：1272

明治図書 携帯・スマートフォンからは **明治図書ONLINE** へ 書籍の検索、注文ができます。▶▶▶

http://www.meijitosho.co.jp ＊併記4桁の図書番号（英数字）でHP、携帯での検索・注文が簡単に行えます。

〒114-0023 東京都北区滝野川7-46-1 ご注文窓口 TEL 03-5907-6668 FAX 050-3156-2790

＊価格は全て本体価表示です。

発問 / 教材・教具 / 宿題 / 板書 / ノート指導 / 学習環境 / 問題提示 / 自力解決 / 練り上げ / 振り返り・まとめ / ペア・グループ学習 / ICT活用

子どもがぐんぐんやる気になる！

授業づくりの技事典 小学校算数

盛山 隆雄 編著
加固希支男・松瀬 仁・山本大貴
志の算数教育研究会 著

子どもの思考を揺さぶる発問の技、「見方・考え方」を豊かにする板書の技、子どものミスコンセプションを生かす技、発展につながる振り返りの技…等々、発問、板書から問題提示、ペア・グループ学習まで、12ジャンル60本のすぐに使える算数授業づくりの技を大公開！

もくじ

第1章 算数授業をつくる「技」を学び使いこなそう！
1 「技」の目的
2 算数授業づくりの12の観点
3 「技」の心を読み取って使う

第2章 今日から使える算数授業づくりの技60
・「意味」を考えさせる発問の技（発問）
・数感覚を豊かにするブロック活用の技（教材・教具）
・「見方・考え方」を豊かにする技（板書）
・比較することで問題解決の意欲を高める技（問題提示）
・苦手な子を授業の流れに乗せる技（練り上げ）
　　　…ほか 12ジャンル60本の授業づくりの技を収録！

136ページ　A5判　2,000円+税　図書番号：1562

明治図書　携帯・スマートフォンからは **明治図書ONLINEへ** 書籍の検索、注文ができます。▶▶▶
http://www.meijitosho.co.jp　＊併記4桁の図書番号（英数字）でHP、携帯での検索・注文が簡単に行えます。
〒114-0023　東京都北区滝野川7-46-1　ご注文窓口　TEL 03-5907-6668　FAX 050-3156-2790

＊価格は全て本体価格表示です。